U0032733

Alexandra Carter
愛麗珊德拉・卡特 著
葉妍伶 譯

哥大教授、聯合國談判專家,
教你用10個問題談成任何事

鏡與窗談判課

ASK FOR MORE
10 Questions to Negotiate Anything

推薦序

談判贏家的兩大心法：攬鏡自照，倚窗觀景

楊斯棓

問你幾個問題，就可以得知你怎麼看待談判。

你覺得談判是一個專家亟欲救出人質的場面，還是頻繁出現於每個人的日常？

上次你跟另一半嘔氣是什麼時候？怎麼走出僵局？還是就此淡漠無語？

過往你覺得自己懷才不遇是什麼時候？你開除老闆、自立門戶了嗎？還是身體依然誠實？

作者幫我們定義談判：「當你在一段關係裡，能夠透過對話掌舵，這就是談判。」我們和自己的內心和平共處，自我對話，引導自己釋放潛能，實現自我，這是一生中最重要的課題。作者是一位執教天下英才的談判專家，她提升了學員看待談判的層次，提升到掌舵與領航。

試想一個情境：如果你臨時要帶搭輪椅的長輩，搭一趟短程，你要如何叫計程

車，以致雙方滿意？身為乘客，我們若認知自己身處掌舵位置，其實很容易創造雙贏。

一年搭了上千趟計程車的我，清楚知道：「較之信用卡，司機更喜歡收現金。有的司機不喜歡載短程，尤其是帶著輪椅的乘客，因為上、下車時間拖長，如果搭一段還沒跳到錶的行程，司機確實吃虧，莫怪其心生不悅。」司機在乎的是被尊重，以及事先得知將拿到合理的報酬（此時的跳表金額，其實對司機不公平。因為若他協助長輩上下車，花了時間，卻無法被公允計算）。

若清楚領航任務是：長輩安全、舒適、迅速地從A地抵達B地，過程中的選擇就變得簡單：

第一，Uber或台灣大車隊，我必須二擇一。

一般來說，Uber的眾多優點狂勝台灣大車隊，但此刻情境，台灣大車隊反而擁有優勢。Uber大多數都是轎車，而台灣大車隊的叫車系統上，有可以勾選輪椅上車的選項，若點選，系統就會派出較大的車型。

在作者獨木舟經過許多海蝕洞、抵達目的地的譬喻裡，我們選擇對的車型，猶如坐上一艘獨木舟（如果一部小計程車無法裝得下輪椅，猶如駕一匹羸馬過沙漠），上對車之後，怎麼走？只要愈來愈靠近終點都好。

第二，善用附註欄位，及早表明自己是個好咖。叫車之際，我同時在附註欄位上填寫：現金兩百元車資給大哥（照跳表大約一百元），謝謝搭載短程。

通常車子抵達之後，我還會跟司機確認是否看到我的簡訊內容，然後再度感謝他搭載短程。

若然，一趟非常愉快的短程，就此啟程。

上述是一段簡單常見的談判場景，取得先機，釋出利多，早早共創雙贏。如果沒有搭過很多次計程車經驗的人，不知道如何迅速跟司機達成共識，可以按照書中架構，理出自己的叫車邏輯。

讓自己回答五個好問題（這些問題就是請我們攬鏡自照）：

一、**我想解決什麼問題？**我想迅速、安全地帶（需要坐輪椅的）長輩搭車返家。

二、**我需要什麼？**一部安全可靠，可以搭載輪椅的車。

三、**我有什麼感受？**我擔心司機拒載短程。

四、**我以前是怎麼成功處理這種問題的？**我如果付跳錶的兩倍價格，每位司機都不會覺得自己吃虧。

五、**第一步是什麼？**把我願意支付的態度，及早在叫車軟體的備註欄位上，交代清楚。

然後，我們要對司機提出對的問題，有時我們可以預期對方的答案，不清楚就直接請教司機（這些問題讓我們倚景觀窗）：

六、**告訴我……**（我不想載到拖到我時間，只付跳錶價、又臭臉的客人）

七、**你（們）需要什麼？**（我需要互相尊重跟合理報酬）

八、**你有什麼顧慮？**（顧慮客人為了價格跟我大小聲）

九、**你以前是怎麼成功處理這種問題的？**（事先傳訊釋出善意的客人，通常都合作愉快）

十、**第一步是什麼？**（只需要按下「接受」這趟叫車）

只要按著作者首創的這十個問題走，對所有大小談判情境，你都可了然於胸。迎刃而解，指日可待。

（本文作者爲《人生路引》作者、方寸管顧首席顧問、醫師）

推薦序

解決問題，第一步就是先懂得問出好問題

鄭志豪

「請問你為什麼要來學談判？」這是許多人來報名公開班時，我最常問大家的一個問題。很多人因此回答出不同的答案，但這個提問的重點不在於答案的好壞、對錯，而在於他們願意回答這個問題。

對我來說，談判最重要的就是解決問題，而解決問題的第一步，就是要先讓自己懂得如何問出好問題。而《鏡與窗談判課》這本好書，就是教你如何透過十個問題，確實達成你的談判目標，獲得良好的談判成果。

作者愛麗珊德拉・卡特是哥倫比亞大學知名的法學院教授，不僅在教學上備受肯定，更是訓練聯合國數百位外交官的談判專家。我們台灣人應該會對這位世界聞名的學者感到親切，因為她曾經來到台灣進行學術交流，並在台大法律系擔任過客座教授。

如果你對談判的理解較為片面，乍看之下可能會誤以為這是本談論心靈成長的書

籍；然而，這卻是本不折不扣有觀念、做法、實例的談判好書。

我曾經在四大洲、二十餘國進行過各種不同性質的談判，其中包括多樁金額以百億計的商務談判。回到台灣之後，我所創立的「一談就贏」公開班，更成為目前國內最熱門的談判課程，熱門到連我自己都很訝異，大家對談判的需求真有那麼熱切嗎？我設計的談判課程又真的那麼與眾不同？

後來我發現，「一談就贏」這個談判課程，確實在設計上能夠與國際間最新的談判潮流接軌，但國內卻有許多其他的談判課程或書籍，到現在都還在講上個世紀的過時觀念。何謂過時或根本錯誤的談判觀念？本書作者開宗明義、直指核心，提及許多人對談判的認知非常狹隘，以為只有在談生意或議定合約、上了談判桌才叫談判，但其實談判涉及我們日常生活中的每個層面；更有甚者，許多人以為要透過談判達成特定結果，就一定得付出一些代價才能讓對方點頭，所以「妥協」和「讓步」似乎是不可避免的；甚至我自己也常常聽到，為了要成交，我方總要「讓利」一點才有機會。然而，許多人不知道的是，這些觀念其實跟真正的談判大相逕庭；或者我們可以這樣說：萬一凡事都得委曲求全？那為什麼我們還要學談判？

在看這本新書之前，其實我早在幾年前就經常在課堂上，對不同領域企業主管或談判高手說：「問對問題，你就能得到答案；當你無法找到答案，通常是因為問錯了問題。」而本書也同樣認為，只有七%的人會在談判中問出好問題，而問不出好問題或根本不問問題，正是許多人談判之所以失利的關鍵原因。

我格外喜歡本書的其中一點是，它是為了讓未必有正式談判訓練的多數人，也能透過本書快速學好談判，而架構出清楚而簡單的結構：只要學會問出十個問題，你就能為自己、也為別人有效地解決問題。

還記得我前面所提到的，談判就是為了解決問題嗎？是的，談判從來就不是靠著口若懸河去說服別人，而是當你能找到解決問題的有效方案時，可以更有機會去創造價值，甚至能在談判過後與對方建立更緊密的合作關係，與許多人心中常以為談判只有壓倒或坑殺對方的誤解大異其趣。

根據我自己的實務經驗，以及我在許多世界級企業的親身觀察，我甚至可以很篤定地說：之所以還有那麼多人在商場或職場上，玩那麼多手段或小把戲，其實正是因為他們對於談判的認知完全錯誤，再加上沒有能力利用跳脫既有框架的方法去解決問題，所以才會試圖靠著造假、構陷、抹黑……等種種不正當的手段，來試圖牟取或保障自己的權益；但假如他們能產出不只一種的解決方案，來讓雙方甚至各自都能得到更多，那何必用那些不入流的方法去製造更多的問題呢？

我在去年第二度前往美國哈佛大學進修時，聽到了一句很值得分享給大家的話：「若有更多人學好談判，這個世界就會更美好。」我對這句話深信不疑。若想要學好談判，就請由閱讀這本好書並刻意練習做起，相信能帶給大家許多不同的收穫！

（本文作者爲熱門談判課程「一談就贏」創辦人）

真摯好評迴響

有夢想的你該理解現實，好讓你的夢想變成現實。

——盧建彰（作家、導演）

初看書名貌似小說，翻閱後卻覺得新穎、奇妙。作者利用一個個具體的生活案例，引導讀者體會好的談判心法。以「談判」一詞來形容或許過於嚴肅，但生活中談判的確無所不在。談判是優雅的溝通，無論你在商業、親人、朋友的何種人際關係中，好結果往往源自於多次的良性溝通。看見自己的「鏡」，探索他人的「窗」，是生活中最好的軟實力。

我身為賦能顧問，透過敏捷思維與數位創新的能量，為各行各業加值自身的價值。每天面對產業老闆、投資人、政府首長等各式各樣的對象時，我總是秉持「問出對的開放式問題」與傾聽客戶想法。透過事前的「鏡」來理解自身優勢，應用「窗」來探索、了解客戶的價值，達成所謂「賦能」的過程。本書對初入談判領域或具備深厚經驗之業界人士來說，是本寶典，誠摯推薦！

——李佳憲（悠遊卡董事、LeadBest顧問集團執行長、台灣敏捷協會理事）

很多人認為談判就是要爭辯，但幫助過上千人提升談判技巧的聯合國談判訓練講師卡特教授提醒，談判人員要做的是聆聽、提問，以掌握需求，並透過有計畫的引導每個對話、談判，才能準確地邁向目標。

只要你會與他人對話，就需要談判力。這個道理跟我們服務客戶的要領是一樣的，大多數的人以為在企業運營上，只有業務才需要談判力。但在我們實際經營所累積的經驗中，不論是產品、行銷、業務、客服等部門，都必須了解客戶需求，才有機會讓產品、服務為客戶創造更高的價值。當你具備談判力時，將能善用傾聽、提問兩大武器，幫助你洞察客戶需求，進而達成商業目標。

《鏡與窗談判課》提供十個開放式問題架構，讓你透過問好問題，來了解自己、理解他人，讓對話更有價值。這是每一位想要強化商務能力、生活、關係、溝通的人，都可以快速學習談判力的好方法。

——黃嘉琦（TutorABC暨tutorJr總經理）

每個人都希望可以為自己「爭取更多」：更高的薪水、更美滿的家庭、更成功的職涯，但想要與得到之間的距離卻是那麼的遙遠。

如果你認同自己值得在生活的方方面面獲得更多，請一定要花時間讀完這本書。因為現代社會分工複雜，我們需要其他人的協助才能成功，而「談判」正是取得與他人合作最需要學習的技能。

職場上的談判不是拚輸贏，而是藉由有策略的溝通，引導雙方建立共創價值的合作關係。在談判課中，很多學生會在找尋隱藏在立場之下的利益的這一點上卡關，那是因為大家都忽略了在談判桌上，真正的贏家並不是說話最大聲，而是掌握最多情報的那個人。

如何蒐集情報，開展對雙方都有利的對話？作者提供了能夠搞定所有談判情境的十個好問題，只要你願意開口，就能為自己爭取更多。

——白慧蘭（台灣微軟消費通路事業群資深產品行銷協理、「工作生活家」社群主理人）

協商和談判，在離開校園之前，我總覺得遙不可及。也和大家的印象一樣，認為談判的負面色彩大於正面色彩。我們的教育環境與體制過於壓抑與目的導向，且以教導各領域專業知識與技能為主，因此這門學問，我們是吃了許多虧才累積學到的。

當我自己開始創業後，才發現這一路走來，最重要的工作其實是協商、談判（或統稱為溝通）：向客戶提案，要如何找到滿足雙方需求和利益的解決方案，不讓彼此吃虧；建立夥伴關係，要如何發現兩者的共同願景，透過透明的資訊建立彼此的信任感；而帶領團隊夥伴時，怎麼了解共同的需求和感受，並以此作為共同前進的方向。

本書是一本百翻不膩的工具書。當你同時身為不同的角色時，會有不同的理解與啟發。透過「鏡子」，看見自己的需求和感受；藉由「窗戶」，清楚別人的；運用「後續追問」，找到關鍵資訊及彼此同意可以一起跨出的第一步。除了推薦給想在談判大躍進的職場菜鳥與老鳥外，創業家、三明治主管也都應該閱讀這本書！

——張士庭（Impact Hub Taipei 共同創辦人暨Impact Hub亞太地區副召集人、二〇一九歐巴馬基金會亞太地區領袖〔The Obama Foundation Leaders: Asia-Pacific〕）

我一直相信解決問題是創造價值的唯一方法，而創造價值又是每個人讓自己的存在更有意義的解答。「共贏」則是要完成上述過程的精神。

在我們人生中會遇到很多難題，可能源自家庭、職場、社群，也或許是跟經濟、感情、健康層面有關的課題。面臨選擇時，只要涉及他人，「談判就因此而生」，我們的溝通中，無處不存在談判，談判不只有一般認知的國與國的政經談判、企業間的商業議價，簡單到：「跟朋友晚餐要吃什麼？」這些日常生活瑣事都蘊含談判在其中。面對談判時，許多人認為只有贏與輸兩個選項，然而國際談判專家卡特的這本新書，提供我們新的可能，讓我們認知到有一條高於對立以外的嶄新道路。讓我們從談判中學到人生，從人生中找到意義。

——何則文（「職涯實驗室」社群創辦人、作家）

我們總是習慣被動等待著對方賦予我們答案、接收答案，卻忽略了自己可以擁有且具備更能夠切入關鍵的提問能力，它讓我們能夠主導整個溝通、談判的方向與內容。

人與人之間，離不開對話，無論是在現實或虛擬當中。我們拋出什麼樣的問題，也就決定了可能獲得哪些答案。在鏡與窗之間，讓我們慢慢地熟悉了自己，瞭解了他人，跳脫了長期以來看待事情的框架限制與盲點。

溝通與談判並非總是陷入在一種零和、非贏即輸的競逐中。閱讀《鏡與窗談判課》，讓我們在自我與他人之間，不時來回穿梭、覺察、思考、提問與對話。共同朝著相互所設定的目標與需求，來到最符合彼此的最佳狀態。

——王意中（王意中心理治療所所長、臨床心理師）

「調解者」之於「談判者」是一種對他者的凝視。

對熟知傳統談判學的讀者來說，本書應該算是「另類」的新世代談判主題專書。而我之所以用「另類」來稱呼本書，是因為其中充滿了濃濃的「後現代主義」的思維概念，亦即後現代主義關於社會科學論述中的：後設覺知、歷程即結果、對話優先……等的重要觀點，作者將此實踐、延伸在「談判」這個重要商業場域。

嚴格來說，這本講談判的書，已非談判書，作者不啻將談判的後設覺知模式視為關照自身發展的原點與起點。誇張一點地說，從作者所定義的談判：「當你在一段關係裡，能夠透過對話掌舵，這就是談判。」來看，在作者的心目中，談判已經深化為一種自我對話的心智模式鍛鍊。

鏡與窗是您開卷時，就會看到的三個字，也是貫穿本書的內在論述邏輯。作者對於鏡與窗，有其解析，而我則是另有新解：作者所倡議的談判模式以「提問」代替「爭論」，因為「提問」是為談判雙方開「窗」遠望，而「爭論」則是對任一方來說，皆為單向的對「鏡」喧囂而已。

覽書即驚訝於作者之創見，故特別推薦給您這本談判的另類奇書！

——盧世安（「人資小週末社群」創辦人）

我們多數人面對談判的時候都帶著恐懼與困惑，現在這本書要來普度眾生了。作者卡特以格外清晰、透澈的思緒帶領我們思考這個問題，協助我們穩定情緒、釐清目標，並且自信、優雅地在所有人際關係中掌舵。卡特寫書像對話，靈巧地運用比喻，而且對人生百態都能同理，讀起來十分享受。

——道格拉斯・史東（Douglas Stone）與席拉・西恩（Sheila Heen）（哈佛法學院講師、高級講師）

很多人想要為自己爭取的時候，會立刻套用二元論，然後就會卡在「禮貌地答應」或「粗魯地拒絕」之間。他們忘了第三種可能：談判。愛麗珊德拉．卡特在本書中將此做了生動的描繪。

——葛瑞格．麥基昂（Greg McKeown）（《少，但是更好》作者）

這份資源讓你能立即行動，獲得你要的結果，並且在爭取的過程中，建立更良善的人際關係。

——亞當．格蘭特（Adam Grant）（《給予：華頓商學院最啓發人心的一堂課》作者）

閱讀愛麗珊德拉．卡特的作品就像身邊隨時有個談判教練，鼓勵你發揮創意思考，並給你勇氣去爭取更多。

——琳達．鮑柏考克（Linda Babcock）（卡內基美隆大學經濟學教授）

本書運用了簡單的十個問題，並提供了真實世界的強效案例，讓所有讀者都獲得了為自己爭取的力量（並確實達成目標）。任何專業人士若想在家或職場開創出更堅定互換的人際關係，絕不可錯過這本書。

——凱瑟琳・明斯（Kathryn Minshew）（求職平台 The Muse 的執行長與《工作新規則》〔*The New Rules of Work*〕的作者）

目次

推薦序

緒論　你為什麼會翻開這本書？　029

編按：作者於本書所援引的相關文獻，讀者可至「圓神書活網」（www.booklife.com.tw）搜尋本書書籍頁面取得。

緒論

你爲什麼會翻開這本書?

透過提問的勇氣與答案的深度，我們將讓這世界更閃耀。

——美國天文學家卡爾・薩根（Carl Sagan）

或許你想要透過談判獲得更多，也許你希望自己在談判的時候，可以更輕鬆、自在。你想要爭取加薪或升遷——或升官且同時加薪。你想要在問對方自己有多少價值時，充滿自信。

或許你是位創業者，渴望拓展業績。你期望擁有更忠實的客戶，在每一筆生意中創造更多價值。可能你在思考要不要轉換跑道，期待找出自己的使命。

又或許你翻開這本書的理由和工作無關。你最近和別人起了衝突，很消耗精神能量。你期盼在感情裡獲得更多諒解。

不管身在什麼處境，你現在手中掌握了可以協助自己突破困境的工具：十個幫你進行各種談判的問句。

學著用問問題的方式來談判似乎有點不符合直覺。二十年前，在我開始研究如何化解衝突之前，以為談判代表要以理服人或提出要求。不過二十年來，我經過訓練成為專業調解員，化解了數百場的衝突之後，我學到了一個出奇簡單的道理：在談判中，問問題比爭執更能讓你獲得更多價值。

當你提出對的問題來問自己和別人時，就打開了一扇窗，創造出原本無法想像的價值。以問題來引領談判的過程，不只可以協助你建立底線，也能幫助你和別人交流，還能夠改善關係，公、私領域都適用。

當你換了問題，就改變了對話。在這本書中，我們會討論到提問的力量——任何問題都有力量，尤其是開放式問題。開放式問題可以成為你的談判工具，釋放各種可能性，達成各種協議。

提問更多也代表你從一開始就啟動談判了——始於自己。在任何情境中，第一場談判就是和自己談。當你先花時間，問自己問題，再和別人坐下來，就能從談判過程中，獲得更多價值和樂趣，也能做好更充分的準備。我會帶領你去逐一理解要問自己的問題，這樣你就能充滿信心地展開所有的談判。

最後，這本書會改變你對談判的觀念。你是否在閱讀完談判書後，心想著：**這不是在講我吧？**我會提出談判的新定義，這個定義讓談判不再局限於只出現在政壇或董事會議上，而是進入我們的日常生活——每一個人工作、生活和夢想的場域。這個定義更重視聆聽，而非行動。這個定義讓你可以做自己，同時在每個互動的過程中，創造出更多價值。這個定義讓對方不只是跟你點頭而已，還會幫你創造出受用一生的價值。

透過談判，得到更多

往往，我們在受教育的過程中都以為談判就是要說話，而不是提問。要爭辯、控制對話。我們認為談判就是要準備好所有的答案，去達成自己的目標，並且避免對手完成他們的目標。如果我們要提問，那自己就應該心裡要有個底。

這種表述型的概念不只遭致很多人的反感，讓他們想要避免談判，而且也沒什麼助益。在鏡子前面不斷練習講道理，練再久也不會讓你變成專業的談判人員。那不是談判——而是公眾演說。當你和別人坐下來，用講道理開場的時候，對方就不太可能聽得進去了，而且他也不太會相信你講的話。我在職涯中，和上千名談判人員共事過，可以馬上看出會議室裡誰是專家。談判專家很清楚自己在談判中的威力來自於**知識**，而不是靠口若懸河。要進行厲害的談判，你必須先對自己和對手有足夠的理解，才能夠展開對話，為雙方都創造價值。但是，多數人不懂得靠提問正確的問題來獲得這些知識。研究顯示，只有七%的人會在談判中問出好問題——無論是對方在分享關於自己的資訊，或是希望得到正確資訊來了解對手時，問題都很有用。如果你談判時就馬上論理，或問錯了問題，不但會失去在談判桌上互相理解的機會，最後可能還必須屈就更差的結果。

但談判不必這樣。

什麼是談判？

我剛開始著手寫這本書的時候，發了問卷給好幾百人。他們來自各行各業、各個國家，有各自不同的談判目標。我懷疑他們都覺得「談判」這個詞有負面的含意。事實上，大多數人在填問卷的時候表示，他們把談判定義為「來回討論以達成共識」的活動，一半的人都提到了「妥協」或「讓步」——這其實意味著**損失**。對填問卷的人來說，談判就是放棄或退讓。

換句話說，很多人認為談判只為了要取得特定的結果。而你為了達成特定的結果，必須付出一點代價。

我們每次翻開字典，或者在查閱書籍、收看電視節目，都會看到一個很類似的畫面。人們為了達成共識，而在爭論政治理念或談論數字。例如，有些英文字典將談判定義為：

- 不同的人或群體透過正式討論達成共識，尤其在商業或政治情境裡。（《麥克米倫英英字典》）
- 擁有不同目標或意圖的人，尤其是生意人和政治人物，試圖透過正式討論達成共識。（《柯林氏英英字典》）

因此，從小所受的教育告訴我們，談判的定義很狹隘，而且排除了多數人和問題。真的只有在談生意或站在不同的政治立場時，才算談判嗎？談判真的是來回討論後，就要馬上產生共識或簽約嗎？

談判的新定義

我在教別人談判的時候，經常會先給學員看一艘獨木舟、從船上主觀視角經過許多海蝕洞的畫面。學員看到了獨木舟的前緣、船槳、清澈的海水，還有前方的許多海蝕洞。我會問：「這和談判有什麼關連？」大部分的人看了照片，會這樣回：「談判就是策略判斷。你必須選擇要穿越哪個海蝕洞。」或是「談判就是要選出你面前最好的選擇。」「談判就是要鼓吹你想要的結果。」

這些角度都太狹隘了，也太著重結果了。我的談判概念來自一個不同的定義，這通常寫在字典的最後面：

談判（動詞）：成功沿途旅行或結束旅行（《韋氏英英字典》）

當你能成功地操控獨木舟、穿越海蝕洞，或者是走完健行小徑——換句話說，當你能**成功地朝著**你必須前往的方向**完成旅程**——你做了什麼？你就是在掌舵。在我的工作中，我教大家：**當你在一段關係裡，能夠透過對話掌舵，這就是談判**。

我很喜歡獨木舟的比喻，因為這說明了許多談判的元素。獨木舟要怎麼掌舵？你需要一直划槳。就算你只希望朝著自己所設定的航線往前進，還是需要維持穩定的韻律，左右左右，才能維持想要前往的方向。如果我們不掌舵了會怎麼樣？我們還是會動，但或許就不是朝著預期的方向了。外力如風向和潮流會把我們帶走。獨木舟的比喻也讓我們更能理解談判：你需要正確的資訊才能精準地掌舵。你不能閉上眼睛、耳朵，還期望自己能順利抵達目的地。你需要觀察海浪，感覺風向。你看到、聽到、感覺到的一切，都會幫你準確地邁向目標。每個人只要能持續掌舵，且擁有更好的資訊，都能有更好的結果——可是我們經常辦不到。原因是我們受教育的過程中，相信只有談錢才需要談判，或者是以為談判是生意人與政治人物才做的事，我們因此經常放棄掌舵。我們把船槳放下來，等到一年一度考核績效的時刻，才覺得自己麻煩大了。有時候我們**確實在**掌舵，可是節奏很凌亂，因為沒有正確的資訊來幫我們計畫航線。

如果你將談判視為操控獨木舟的話，會發生什麼事情？首先，這表示你不需要等到合約到期才開始找老闆或客戶談判。你不必等到覺得這段關係已經陷入危機了才展開對話。相反地，你可以持續領航，透過對話引領每一段人際關係。其次，你可以利用正確的資訊來幫助自己導航，向目標前進。你問了很棒的問題，運用進階的聆聽技巧來獲得資訊，協助自己打造合約內容。總而言之，你有意識、有目標地展開對話。你會把日常對話都當成是**這段關係的談判**。

當你經常掌舵，需要談錢、得和客戶對話的時候，或是要搞清楚到底是誰忘了替小孩報名夏令營的時候，就能談出更好的結果。這樣不但能增加更多生意——而且是大利多的生意——還能有更強健的人際關係，產生金錢以外的價值。

不同的談判法

如果這聽起來和你認為典型的談判觀念不太像，你是對的。我的談判觀念一直和別人不太相同，我想這和我當初怎麼學談判有關。我在哥倫比亞大學法學院上課的時候，是倒過來學談判的——意思就是我先學調解。這兩者有什麼不同？談判是鼓吹你想要達成的目標；調解則是由外界的第三人來協助兩人或多人進行談判，而獲得大家都受惠的結果。調解人不會選邊站，也無法提供談判人員正確的答案。相對地，調解人要做的是，協助談判人員提出正確的問題，更清楚地在大格局之下，看待自己的處境。這樣一來，調解者就可以幫助各方以更精準的方式來談判，找出大家潛藏的價值。我這個領域內，多數人先學談判**才學**調解（或只學談判），所以他們不知道有很多調解的技巧可以讓自己成為更優秀的談判人員。

過去十五年來，我一直是調解人，為數千人擔任公正第三人的角色，協助他們透過談判達成目標。站在這中立的位置上，我清楚看到很多人採取滔滔雄辯的手段，以自我為優先的態度，卻一再事與願違。這種場景不斷在我面前重播。我也開始看到了一種新的談判方式，真的很有用。我身為調解人，多數時候在做的事情就是聆聽，問雙方一些好問題——當談判人員自己也學會這招的時候，他們就能談出最好的結果。

所以我在教談判的時候，目標就是要讓每個人，不只是生意人和政治人物，都很清楚知道自己也是談判人員。不管你是誰，從事什麼工作，這本書裡的提問都可以協助你進行各種談判。你學會了以後，見面就不只是握個手而已，而能體驗很多奇蹟——附加價值、清晰的思維、深刻的理解、個人的轉變——我已經在調解的過程中，幫助了數千人。

這就是如原書名所述，你可以「要得更多」（Ask for More）的意思。

怎麼掌舵最好？

希望有效掌舵，你必須看見、聽見，並理解自己要去哪裡。聯合國資深外交官、副祕書長尼基爾．賽斯（Nikhil Seth）和我分享他的觀察，以前談判和外交用的舊工具已經不適用了——過去的人會把好牌放在胸口，突然亮出王牌、奇襲對手。這年頭，只要敲敲鍵盤，資訊就能迅速散播到全世界，要襲擊對手就難得多了。他認為談判的關鍵是透明：獲得正確資訊，分享正確資訊。

近期關於領袖與談判能力的研究也證實了他的觀察。最優秀的談判人員和領導人物都會問正確的問題，所以能取得正確的資訊，幫助他們做出更好的決策。

但是，在這個資訊超載的年代裡，要達到資訊透明也很難。我們努力關掉網路雜音、其他人的意見，甚至是自我期望，才能真正看清自己的本質和需求。當我們看不見自己的時候，必然會對周遭的人，包括客戶、同事、配偶和對手視而不見。當我們缺乏觀點時，就會陷入很多難關和困境，包括談判失敗、關係疏離、關係破裂，還有客服總覺得遇到奧客，而顧客總認為客服態度很差。

在談判中要得更多，就表示要提出對的問題來問自己和別人。哪些問題會讓我們停滯不前？而哪些問題可以幫我們鋪路？

用魚網捕魚：開放式提問的威力

確實多數人在談判的時候，問的問題都不夠多，可是當他們開始提問的時候，那些問題往往只會讓自己離目標愈遠，而不是更靠近目標。

我在擔任教授和調解人的時候，很早就開始對提問感興趣。我在哥倫比亞法學院獲得終身職的第二年，受邀到巴西的濱海小鎮福塔雷沙（Fortaleza）授課。旅程中的某日上午，我要去大學教調解課之前，在日出時就離開了旅館房間，到海邊散步。

我在海灘上看到傳統的漁筏靠岸，滿滿的都是漁獲。漁夫在沙灘上攤開魚網，任人挑選，有鱈魚、鮪魚、蝦，甚至也有黃貂魚。

我站在海灘上，想起外婆在紐約州東長島也有個水岸小屋。我們小時候會在碼頭邊一站就是好幾個小時，拿著釣竿，希望能抓到一隻再放回水裡。

我忽然靈光乍現，趕緊衝回旅館房間去修改上課用的投影片。

那天早上在巴西的海邊，我理解了為什麼很多人不會提問，因為我們在提問時，是用釣竿而非魚網；意思是，我們提出封閉式問題，所以獲得很少量的資訊，而且這些資訊內容通常幫助不大。

封閉式問題聽起來像：

我可不可以說服客戶增加訂單？

我應不應該回去上班、早晚通勤，還是要繼續在家帶小孩，但又覺得自己生活不圓滿？

你難道不懂我們今年要更努力省錢嗎？

我老闆會不會幫我加薪一萬？

你要怎麼知道自己問的是不是封閉式問題？我們來練習看看。假設我剛從印度出差回來，而你想要多了解我的旅程，你會怎麼問？

我在談判工作坊進行這個訪談練習的時候，大部分的人都會問：「你喜不喜歡印度？」「你去哪座城市？」「食物辣不辣？」這些問題乍聽下來好像很開放，對嗎？錯了。這些問題都是封閉式問題，表示對方只會回應「是」「否」，或者一個詞就能打發你。你提出封閉式問題，就是在用釣竿釣魚。

你想知道要怎麼避免問這麼多封閉式問題嗎？答案是，不要問是非題。「印度熱不熱？」「訓練順利嗎？」「你有沒有時差？」「去泰姬瑪哈陵，需要請導遊嗎？」這些是非題就是封閉式問題。

我們提問的時候往往沒有自覺。當你在和好朋友聊天的時候，可能提了一個封閉式問題，像是：「你喜歡印度嗎？」結果你的朋友可能會回答很多資訊。「喜歡，我愛印度！最有趣的地方就是……」但如果你在和不熟的人說話，或是在衝突中對話呢？這個問題可能**只得到一個字的回答**，然後就結束了。

你明白了以後，就會很訝異地發現自己每天問自己和別人很多封閉式問題。當你提出封閉式問題時，就是在用釣竿釣魚，頂多能捉到一條魚，最差的情況可能會空手而歸。

什麼是開放式問題？

真正的開放式問題會招來廣泛的回答，每個主題都不一樣。開放式問題會讓對方為你提供事實的資訊、想法、感受，願意為你掏心掏肺、鉅細靡遺地描述他的活動，或者讓你更理解他怎麼看待自己。當我在巴西海灘上悟出這個道理時，同時也發現用魚網捕魚會讓你打撈到很多優質、卻也難以處理的資訊。你可能撈出一噸活魚，也可能會撈到浮屍，或者也可能發生魚網被一團海草給纏住的情況，但就算如此，你的進度會比用釣竿的人超前好幾個光年。

你或許很想知道「開放」和「封閉」的差異，是否不只出現在談判場合。童年遊戲的專家莉琪・愛沙（Lizzie Assa）表示小朋友的玩具也可以分成開放式和封閉式。差異在哪裡？開放式玩具就像是不同尺寸、形狀的積木，小朋友（和大人）想蓋什麼都能蓋出來。今天可能疊出一道牆，隔天能蓋出一棵樹，後天還能打造出一整個村子。開放式玩具能刺激語言能力、社交連結和創意。（聽起來很熟悉嗎？）但一組只能蓋成消防局的積木就只能堆疊出消防局。封閉式玩具比較適合讓小朋友訓練專注力，或者跟隨並完成任務。

同樣地，如果我們想要完成簡單的任務，並且快速、確實，封閉式問題就很實用。但如果我們希望解決棘手的問題，看得更清楚，和別人建立更好的關係，並釋放創造力，就需要開放式的問題。

回到印度：最開放式的問題（提示：這個問題沒有問號）

好了，你或許很納悶：關於我的印度之行，最開放式的問題是什麼？這是個陷阱題，因為這個問題本身並沒有問號。答案就是：**告訴我你的印度之行吧！**

這個問題是一張大網。我要回答這個問題，可能會需要告訴你，這是我第一次去印度。我覺得很緊張，因為前陣子才剛動完腳的大手術，還一跛一跛的。我可能會說，我很興奮可以為德里高等法院開設調解工作坊，吸引到許多很投入學習的學員。我很訝異那裡的工作文化很溫暖，而且非常重視家庭，大法官還邀請我們和她媽媽一起吃家常菜。看到迎接曙光的泰姬瑪哈陵，讓我敬畏不已。我很驕傲學員的表現都很傑出。我的小女兒很想念我，這讓我很愧疚。又或者是我很喜歡印度洋蔥麵餅。我可能也會告訴你，覺得自己還會回去。「告訴我……」是個魔咒，可以為你的雙眼打開整個世界。本書中還會詳談。

十個開放式問題：本書的架構

本書包含了十個問題，其威力強大到能夠扭轉所有談判，不管是商業議題或感情糾紛。在本書裡，你將學會如何提出這十個問題，改變談判的方式、談好生意、維繫關係，並追求夢想。

我們這種門外漢慣於拿著釣竿和水桶提出封閉式問題，雖然相比之下這十大開放式問題並不安全，但我們將會鼓起勇氣行動。這些問題會讓我們發現意想不到的寶藏。

鏡：更清楚自己

很多人在研究談判的時候，會馬上聚焦在和對方坐下來（或打電話或寫 E-mail 給對方）以後，會發生什麼事情。你應該先出價嗎？你應該評估他們的策略，再決定自己的嗎？你要怎麼提出要求？

從和對方坐下來的那一刻起來研究談判，就像是等到番茄醬都抹上披薩餅皮了才在思考阿嬤祖傳的醬料有多麼好吃一樣。根本搞錯重點了！任何談判、對話的引導，都要從你開始。你必須從一開始就掌舵。最好的談判、感情、客戶互動都由你開始，這個發現自我的過程，會幫助你更清楚自己的本質和想要達成的目標。

本書的前五個問題都需要自問自答。這些開放式問題會先協助你，在大腦深處撒下大綱，並撐起一面鏡子。自我認識在制定協議和化解衝突的時候非常關鍵，而且這種認識對於發現使命和找到幸福也很重要。這些問題會協助你抵達目的地。

很多時候，當事人之所以來到我的調解辦公室，並非為了他們內心深處最在乎的事情。他們始終沒辦法問自己這些問題，或許這和錢沒關係，也不是最後一次和配偶爭吵的內容，可能也和合約的文字沒有關係。當我問他們這些問題時，就找到了爭執的根源——更清楚兩方糾結的點，也會曉得接下來在談判過程中要尋找什麼。這就是我所謂的「鏡」。

窗：明白別人

鏡系列的問題結束之後，我們要在談判過程中向對方提出五個問題。你將會利用這些問題來打開窗戶，更清楚對面的人。

就像你利用鏡系列的問題來理解自己，窗系列的問題則會幫助你了解其他人。我們比以前更需要這項能力。美國關於政治和社會風氣的研究發現，大家比以前更加對立。研究也提到很多人進入職場時，缺乏化解衝突的技巧。除非我們能讓大家看到自身舒適圈以外的境地，不然就無法進行深度的對話，也沒辦法好好掌舵，引導家庭、企業和社會前進。我們必須要有勇氣和相應的工具，來和別人對話。

賽斯提到聯合國時，也和我分享了同樣的觀察：「和同溫層對話很簡單。我們常和同溫層的人說話，而不和黨派不同的人談話。談判中，你必須要有勇氣跨過界線——走到對面去理解對方的觀點，這樣談判才有效。但最重要的是第一步。」在提問和回答的過程中，我會協助你看清楚對手，就像你看明白自己一樣。你對同伴、老闆、對手的觀點就會毫無掩飾，很清楚知道他們聽到什麼會皺眉、相信什麼、感覺到了什麼、需要什麼。這種觀點很少見，而且有威力可以強化人際關係，拓展新生意，並化解最艱難的衝突。這就是我所謂的「窗」。

滿載而歸：為談判下結論

閱讀本書的最後，你將會改變詢問自己和別人的方式。當你提出更好的問題，就能獲得更棒的答案。這些問題能拓展你的世界觀，且提升你在這個世界的地位。透過這些問題，你可以更理解身邊的人，更能做好準備，用更正面、務實、有創意的思維去面對自己的處境，迎向人生的下一章。

不過這趟旅程不會隨著問題而結束。正如我在本章開頭引用了美國天文學家卡爾·薩根的名言，當我們有勇氣提出問題便是踏出第一步，世界因此能更加閃耀，但這並非結局。因為當我們獲得深度的答案時，我們的世界將繼續閃耀——你可以定義閃耀。

第一部

鏡之卷

問自己正確的問題

你一定有過這樣的經驗。潛在的客戶打電話來說：「我們決定合作了，來談費用吧！」你收到伴侶或室友發來的簡訊，氣呼呼地問：為什麼帳單還沒繳？獵人頭問你期望待遇是多少；上國中的孩子被老師警告，因為作業又沒交了；房仲傳訊息來說，你該出價了。

你想要拿起手機，按下鍵盤或錄一段話，**立刻回應**。不過，請先緩緩。在這本書中，第一部「鏡之卷」會教你怎麼先用一點點時間——不到半小時——讓自己回答五個好問題，就能得到比較好的結果，並且在和別人談判時更有信心。

在這個外部導向的世界裡，我們做了很多自我陳述的工作，或專注於別人的反應，因此當我們問自己問題時，會覺得很不自在。不管你來自哪一個行業，我們之中很多人都會認為談判與領導的能力和「說」有關。或者，有人覺得只要會說就能領導、談判——其實，要成功談判，得準備一切的答案。

問自己問題和談判有什麼必要的關連？詢問自己問題又如何有效掌握人際關係的方向？其實關連可大了。組織心理學家塔莎．歐里希博士（Dr. Tasha Eurich）發現自知之明和有效的領導能力之間有決定性的關係，而有效的領導能力也包括了談判力。然而，並非各種自知都具有同樣的價值。有**兩種**自知：「內在自知」和「外在自知」。內在自知指的是，我們深入內心看清楚本質的能力：我們重視哪些事情、我們的需求、目標、優點及缺點。外在自知則是我們檢視**別人**怎麼看待自己的能力。你猜我們比較重視哪一種？當我們重視別人對我們的看法、而忽略了自我認識時——也就是說，當我們有高度的外在自知和低度的內在自知時——我們就比較容易違背自己的價值和輕重緩急來選擇。

此外，歐里希博士和她的研究團隊也想了解如何增加自知，你猜他們發現了什麼？要正確地內省就要問自己問題——但不是亂問。事實上，他們發現多數人都問自己**錯**的問題。

大家想要理解自己的時候，最無效的問題就是**為什麼**。例如：「為什麼這場談判那麼不順？」「為什麼我的論點沒有改變對方？」**「為什麼」**是我們咎責時用的問題，不管是怪自己或別人都一樣。研究發現當你自問**為什麼**時，就會進入為自己辯護的模式，而推導出扭曲的結論或對自己有利的答案。這現象非常普遍，幾乎隨處可見，通常會造成毀滅性的結果。二〇一七年，拉斯維加斯發生了槍擊事件，槍手在曼德勒灣賭場飯店的套房裡，以步槍掃射露天鄉村音樂節的群眾，造成超過五十人喪命。隔了幾天，當我打開《紐約時報》時，看到了一篇報導提到，這起悲劇之後，整個美國的氛圍都充滿著「**為什麼**會發生這樣的事？」而沉重無比。

但是，在這種艱難的時刻裡，**為什麼**不是我們最需要問的問題。**為什麼**是回頭看，通常想確定是誰導致了這個問題。但是問**為什麼**的最大缺點是，這個提問會產生距離感。

當我們覺得理解了**為什麼**某個人做了某件事，我們就可以怪罪那個**原因**，然後安心地說問題已經被處理掉了。

這本書裡沒有**為什麼**類型的問題，我也不會在談判中運用**為什麼**的提問。當我們問自己或別人**為什麼**的時候，只會得到對自己有利的偏頗答案。我比較喜歡用**什麼**來提問。例如，我不會問：「我為什麼會那樣做？」而是問自己：「什麼因素讓我做了那個決定？」

談判人員若用「什麼」來自問，他們就會更自知，因此能創造出比較好的商業成果或人際關係。

我們不太會自問其實事出有因。因為，我們不常和自己對話，就算要和自己對話，也不知道要問什麼問題才對。珍娜是人資主管，她的小故事正好點出了這個道理。

她同事黛博拉是位高階經理，而黛博拉很不滿意最近轉入她團隊的一個員工。黛博拉向珍娜吐了一頓苦水說，這員工不知道她做事的方式，她也沒時間訓練人。她對珍娜說她必須換人，換個人才。

珍娜問黛博拉：「怎樣才是好人才？」然後讓黛博拉想想。黛博拉想了一分鐘後回答：「要有良好的寫作能力，要穩定從容，要有信心，要注意細節，態度要好，要有判斷力。因為這些事我沒辦法一直教……」黛博拉愈講愈小聲，停了下來，然後睜大了眼睛，看著珍娜說。「好，我現在懂了。他確實有我要的素質。我只是要有耐心教他。」珍娜告訴我：「這個問題的魔力在於，我什麼都不必多說了。黛博拉後來還打給我說我是天才，因為她的新員工學得很快！」

黛博拉運用了一個鏡系列的問題（詳見第二章），因此聽到了內心的聲音，且得到了寶貴的心得，改變了她對這個處境的看法和自身的處境。只需要一點投資，她就能有個好員工。那次對話後，黛博拉花了點時間教他怎麼工作，她的團隊就朝正面的方向起飛了。

換你站在鏡子前

在接下來的五章裡，你會問自己五個很棒的問題，協助你進行**各種**談判。提升談判力就從現在開始，我已經準備了五個簡單的小祕訣來幫你。

祕訣一：創造場合。

往往，我身為調解人的價值就是創造一個場合，讓談判人員可以屏除雜音，專心面對眼前的議題。我提供了一個安靜、中立的空間，讓他們可以專注。供應茶點也會讓大家覺得舒服一點。我會準備充分的討論時間。你也要這麼照顧自己！排開一段時間。就當成是和醫師約診，或是和老闆開會一樣，不能任意取消。

祕訣二：寫下你的答案。

對我們多數人來說，如果去參加重要的會議、聽取別人的想法時，一定會帶著筆記本，或是可以記錄的數位裝置。做筆記不只是為了表現尊重，它確實能幫我們牢記很多事情。所以，我們在聽自己的聲音時，為什麼不做筆記呢？或許你的腦子比我好，思緒比我更有條有理，但是如果我不把事情寫下來，隔天就很難記起來。研究發現把目標寫下來，會比較容易達成目標——這就是我們要做的事。所以請你把鏡系列的問答時間當成是和自己在開會。你在回答這些問題時，有什麼思緒都記下來。

祕訣三：寫下你的想法。

不是你**希望**自己有哪些想法哦！你在寫答案的時候，可能會發現自己一邊寫一邊皺眉頭，或者是更嚴重，有些人會在動筆之前，就先審查自己的念頭。人類很會批判，而且自我批判最兇狠、不留情面。已經有太多人跟我說過：「嗯……這或許行不通，可是……」或「這想法有點可笑……」然後就說出了非常深奧、有用的想法。我們都不知道要怎麼叫內心那個吹毛求疵的人閃遠一點。

不過，我會要求你在這個階段對抗自我批判。這功課很重要，原因如下：首先，當我們太嚴厲地批評自己的時候，就無法正確面對自己。我在調解的過程中，發現人們會起爭執，最常見的原因是沒辦法看清楚自己，這麼一來當然也就無法清楚表達自己的意見。你想要把網路上的大頭照，修得更纖瘦或精明是一回事——但想要在對話過程中，表現出符合理想的自己、一副能理性面對衝突的樣子，則會導致更多問題。例如，當你**很氣**對方卻又不承認自己的怒意時，會發生什麼事？當你真的和對方坐下來的時候，這個沒有經過濾鏡修飾的自己就會從幕後跳出來，造成你釋放出很多模糊、矛盾的訊息，以退為進或口不擇言。當你可以看清楚自己，就能有自知之明，接下來便能更清楚、更正確地溝通。其他人會感受到你的真實，加以回應——他們更可能會分享他們真實的自我，**而且**用正面的態度來回應你的想法。

祕訣四：追蹤。

在鏡之卷，我會提供你五個很棒的問題，協助你比過去更了解自己。但我們不會停在這裡。我還會幫助你去追蹤每個問題，讓你更明白自己心裡的聲音。想要有效追蹤，就不必弄得很複雜。

往往，談判各方在回答了鏡系列的第一個問題之後，再多追加一個簡單的問題，我就能獲得最佳的資訊。他們說完之後，我會先謝謝他們，然後再問：「你還希望我們知道什麼？」**這時候**我就會聽到他們最在乎的事，他們一直期待能說出口的事，這種轉變的次數多到我數不清了。請給自己這樣的空間和許可。

祕訣五：總結你的答案。

回答了所有問題之後，請閱讀你寫下的文字。然後，花點時間想想自己發現了什麼。如果有人對你說了這些話，你會用哪幾行字來總結？你可以假裝正在和一個很信任的朋友對話，請你大聲地把故事說出來。（或如果你真的找朋友說更好。）把你的總結寫在原本的答案下方。你在總結的時候，一定要尋找反覆出現的模式或字句。這些模式或字句會重複出現一定有其特殊的意義，請留意。

我們開始吧。

第一章　我想解決什麼問題？

據稱，愛因斯坦說過如果他有一小時可以用來解決一個問題，他會花五十五分鐘思考這個問題，然後再用五分鐘來想解法。

還有誰很愛思考問題？賈伯斯。二〇〇二年，賈伯斯剛成功發表 iPod，他看著消費者趨之若鶩，隨身攜帶著聽音樂，可是，他愈是觀察（並體驗）這個現象，就愈不滿意，因為消費者不管走到哪裡都必須帶著這麼重的裝置。這些消費者還要帶很多裝置：行動電話、笨重的筆記型電腦，或許還有「個人數位助理」，就是PDA。當時，智慧型手機和PDA都仍有鍵盤，對消費者來說很難用，或者搭配了觸控筆，有時候會故障，又很容易弄丟。

賈伯斯看到了別人沒看到的一點：大眾需要一個好用且萬用的裝置，可以打電話、運算、聽音樂、安排行事曆。沒有鍵盤、觸控筆、其他書寫工具，這樣就不會搞丟配件了。只要一個裝置。唯一的配件就是人類的手指。他要求蘋果的工程師創造出一**個**能解決這問題的裝置。

幾年後，賈伯斯和AT&T開完會，協議讓AT&T補助資費，發行第一款iPhone——而當時，iPhone還在開發中。AT&T有iPhone的獨家發行權，而蘋果可以從顧客的上網費帳單中，每個月拿到大約十塊錢美金。蘋果也控制了這支手機的軟體、價格、品牌、銷售。無線電話的產業裡從來沒看過這種協議。賈伯斯為AT&T描述了一個他相信只有蘋果能解決的問題，清楚闡述了自己的願景，讓AT&T願意一起推出劃時代的解決方案。

賈伯斯還進行了許多場談判才終於讓iPhone問世。當時和賈伯斯共事的顧問拉吉・阿加沃爾（Raj Aggarwal）向《富比世》雜誌透露，說AT&T這場談判能夠成功，一部分是因為賈伯斯和各方人馬互動時，負責掌舵：「賈伯斯拜會了每一間電信公司的執行長。我沒想到他每件事都親力親為，而且他希望在蘋果做的每件事情上都留下印記。」他和工程師溝通時，掌握了產品的細節，反覆測試，直到產品能按照他的規畫來運作。他和阿加沃爾等顧問、蘋果的同事、市場的分析師對話的時候都負責掌舵——還有，最重要的是，他在和顧客對話的時候也負責掌舵。

蘋果的iPhone發表於二〇〇七年，迅速吃了一大塊手機市場。為什麼賈伯斯和蘋果可以轉型得那麼成功？英國科技創業家凱文・艾許頓（Kevin Ashton）側寫過賈伯斯，據他形容：「對賈伯斯和 iPhone 來說，關鍵的出發點不是找到解法，而是看到問題：智慧型手機因為硬體鍵盤而很難用。確定問題後，其他就水到渠成了。」

「任何」談判中關鍵的第一步

在任何談判中，要問自己的第一個問題就是：「我想解決什麼問題？」

記得，談判就是掌舵。你做的任何決定，在談判中轉向的每一道彎都源於自己設定的問題或目標。換句話說，如果你想要划著槳、讓獨木舟前進，難道不會先設想好自己要去哪裡嗎？很多人略過了這個步驟，他們就得承擔風險，整天划槳、乘風破浪，結果發現自己登錯島。

許多人認為，談判的樂趣就是找到解決方案。不是。定義問題才是精華。你一旦學會如何定義問題，就會發現這過程多麼有趣、富有創意，而且讓人心滿意足。我是談判教練，協助你發現要解決**什麼**問題，這就和跳傘，或者在義大利吃下新鮮現做的麵點一樣愉快。（不要批評我，每個人的喜好不同。）這是因為我知道你可以從這個問題裡，找到某些精采的答案，然後達成目標。

定義問題可以協助你創造解決方案。所有的談判都一樣，無論你是面對嚴峻的外交衝突，或者想要說服你的兩歲小孩別把冰淇淋當晚餐。

花時間才能省時間

要準確定義你的問題需要一點時間。你在一開始花多少時間就會有多少收穫。有個高階主管來上我的課，回答了這個問題之後，跟我說：「我想我在十五分鐘之內，替自己省下了三天空轉、瞎忙的活。」當你知道自己要掌舵去哪裡，就省下了反覆查地圖和繞來繞去的時間。

在大談判中，定義問題

在需要長時間投入的大型、複雜談判中，定義問題非常關鍵。這樣想好了：如果有人走進我的調解室，我馬上就問他們要怎麼解決問題，這種做法其實是在要求他們描述一個自己根本看不到的東西。想像你在登山。這座山愈高，你在山腳下就愈不可能看到巔峰。你必須從山腳開始爬起，一步一步往上攻頂。你攀過的岩石、涉過的溪流都會讓你增加經驗和信心，協助你繼續向上。到了某個階段，你就看得到山巔了，也會知道自己要怎麼過去。

談判的過程就像登山。藉由自問想要解決什麼問題，便能從自己需要起步的地方展開行動。你會帶著要處理的問題，產生資訊，這樣就能看清楚目標並達成目標，那就是你的解決辦法。

我們來看實例。美國社會的一大問題就是有些學生長期失學。長期失學的定義是指不管什麼理由，學生沒上學的日子超過上課日總數的一〇％以上。而這可能會導致小學三年級的學生無法有效閱讀，六年級碰到某些學科都學不會，或是九年級就輟學。非營利組織「出勤有效」（Attendance Works）想要協助學校和社區一起減少孩子長期失學的現象。全美每年有超過八百萬名學生因為太多天沒上課，而產生上述的學業問題。

過去，大家在面對長期失學的問題時，傾向把問題聚焦於「曠課」，或是學生沒有理由就不去學校；若是家長幫孩子請假就不算曠課。然而，這種單向定義問題的做法便預設了學生或家庭的行為不當，因此會以欠缺考慮的處罰作為解決方案來因應：處罰學生和家長，逼他們做出更好的行為。但處罰顯然沒用。

出勤有效的執行長張赫迪（Hedy Chang）坐下來定義這個問題的時候，她的焦點不是無故曠課和停學。她把問題定位在：孩子因為任何理由而導致上學天數不足。確實，她發現很多低年級的學生因為缺課天數逐漸增加而開始有學業問題，這表示只處理曠課根本無法解決問題。

這個新定義產生之後，張赫迪鼓勵學校和孩子與家長談一談，發掘孩子不上學的真正原因。他們和學生與家長開啟溝通之後，很多學校的校長意外地發現：有時候，小朋友不上學並不是逃避作業，或是他們的家長不重視教育，而是因為他們沒有乾淨的衣服可穿。沒有乾淨衣服的小朋友寧可留在家裡，也不想被同學笑。當大家發現這個原因之後，愈來愈多學校和當地的商家或基金會合作，在校提供清洗衣物的服務。有個學校回報他們，結合了家訪關懷與清洗衣物的專案之後，上學天數超過九成的孩子比例從四六％躍升為八四％。當長期缺課的定義被擴大後，張赫迪、出勤有效和全國各地的教育者與社區夥伴發展出創新、有效的解決方案，幫助了許多類似的家庭與學區。

從這個例子可以看到，面對一場大型或複雜的談判時，定義問題很關鍵。而個人的困境也是如此。安東妮雅是位事業有成的保險專員，但是過去五年和姊姊卡門之間衝突不斷。卡門一直向安東妮雅借錢，可是她不是把錢用來吃飯或繳房租，而是拿來買精品向朋友炫耀。更糟的是，家人之間若提到安東妮雅事業有成，卡門就一臉不屑。安東妮雅感覺自己愈來愈怨恨，可是每次想和卡門好好談一談時，除了動怒之外，什麼都沒辦法說清楚。這樣的對話方式從來就沒辦法改善她們倆的關係，且安東妮雅的壓力和情緒也一直都在。原因出在哪裡呢？安東妮雅必須先定義清楚她要解決的問題。她是希望卡門感激自己的協助嗎？還是想要在錢這件事情上，跟卡門劃清界線？還是她期望能有辦法、有技巧地從這段關係中脫身？想清楚自己要解決什麼問題，才能繪製路線圖，展開那場對話。

你是否曾經發現自己和別人坐下來之後，沒辦法有條有理地跟對方說話，甚至是講不出最在乎的重點？或許你在這個工作職位已經做了十年，而且經辦過各種專案，可是下班時，還是不太曉得自己的方向？或許你就和安東妮雅一樣跳過了定義問題這個重要步驟。

在簡單的談判中，定義問題

或許你並不是要找出治療癌症的方法，也並非決定職涯方向。你只是在準備和裝潢公司談浴室如何修繕，或是想要請房東來抓漏。這聽起來好像你可以直接討論解決方案，對嗎？

我們來看看浴室的例子。你準備要和裝潢團隊坐下來討論要怎麼整修。就算如此，你也該問自己想解決什麼問題。你要賣房子嗎？如果是這樣，或許浴室的設計要能讓人怦然心動，而且價格要合理。你想搬進這棟夢幻住宅？如果一切發展順利，未來四十年都會住在這裡嗎？如果是這個方向，那你可能會想用上所有最新穎的設備，將來就可以用半輩子。還是你急著趕快處理房子？因為家人出了意外，需要無障礙設施？如果是這樣，那你的考量和選項就很不一樣。

就算是簡單的談判，你也必須先釐清問題才能設計出解決方案。

定義從來沒有人看過的問題：用創新來談判

有時在談判中，我們會看到上一條獨木舟乘風破浪的痕跡，只要「選擇航線」就好了，但有時候，根本就沒有航線可以選，這時我們就必須創造航線。

本章一開始，我就選了一個創新談判的故事。怎麼用創新來談判？蘋果搞清楚方向，便能在重要關係裡掌舵——主導蘋果與發行商、市場和消費者的關係。這一切都得從定義問題開始。

很多人想到談判就會倒著想，但談判就是掌舵，這是個有創意、有生產的過程。最終，談判就是我們開創未來的方式。有時候，我們就是在解決一個沒人搞得清楚的問題。這種創意的空間會讓談判變成創新。

賈伯斯懂得這一點。他一直想搞懂下一個問題（他知道永遠有問題，就算是消費者很喜歡的產品也還是會出現問題），然後解決它。蘋果的總部門牌上刻了「無限迴圈」。這是什麼意思？研究賈伯斯的作家艾許頓說，這表示：「創造不是天才的傑作，也非靈光一閃，更不是白日夢。那是一系列思考的結果：反覆地想著問題、解法，然後不斷重複。」

全球創新專家戴樂．蒙（Darrell Mann）擔任過勞斯萊斯的首席工程師，花了幾十年的時間研究企業對於創新的投入，想知道什麼樣的創新才會成功或失敗。他發現企業的創新行為只有二％能成功。其中「二五％的失敗來自於大家想要解決錯誤的問題」。

如何完整地定義問題：看到大格局

「我想解決什麼問題？」是個很廣泛的問題，我們往往必須挑戰自己才能正確回答。《快思慢想》和其他相關著作的腦神經研究，讓我們知道人類會迴避艱難的問題，而去選擇狹義的、容易回答的。我們這麼做，就不必去面對那些自己不知道該怎麼回答的問題，或者不想面對的事情。但是，解決問題的時候，用網子捕魚可以讓我們有許多新發現，能改變一切。

馬可仕在一間版圖遍及全美的企業裡擔任區域主管，他坐下來和幾位經理一起解決下面的問題。員工羅傑向公司申請晉升，結果被拒絕了，他因此在公司內部提出申訴。馬可仕團隊裡的經理剛召開這場會議的時候，認為自己要解決的問題是平息羅傑的申訴，免得最後要上法院。但他們最後診斷出這個問題源於更大的問題。

馬可仕思考羅傑的申訴問題時，一直很困惑，這間辦公室在他的管理下究竟怎麼了。這個團隊以前工作很愉快，看起來互動很密切。不過，過去一年之內就有三名員工提出申訴，說他們遭受了不公平的對待，導火線可能是工作分配、加班，和經理溝通出問題。但這個團隊的管理方式都沒變，分配工作的方式也和以前一樣。

馬可仕把羅傑的申訴擱置在旁一分鐘，他反倒把鏡頭拉遠，請他的團隊聊聊這一年裡辦公室的概況。幾位經理談了最近人手的數量、正在處理哪些工作，也聊到了大樓裝修的狀態——這時候馬可仕覺得有趣了。他記得去年這間辦公室在進行空間裝修與組織重組。因為施工，他們必須把三分之一的員工遷到一個更老舊的辦公大樓裡。馬可仕問他們羅傑和另外兩名提出申訴的員工當時坐在哪裡。他們全都搬到了舊大樓。

馬可仕發現他的問題不是「要怎麼面對羅傑的申訴才不會走上法院」，而是「我們要怎麼讓辦公室恢復原本和諧的狀態，順利運作」。馬可仕直接約談羅傑，他不只談到了升遷的遴選，還請羅傑聊一聊辦公室的生活。羅傑覺得自己被排擠在辦公室的決策圈外，沒人告訴他為什麼自己和其他人得搬去舊大樓。團隊內部的溝通因此變得很糟糕。以前，他們都在同一個空間裡工作，羅傑可以時常經過主管的辦公室，但現在沒機會了。更糟糕的是，沒人和羅傑談起升遷被拒絕的事情，他是透過電子郵件才曉得的。

理解了這個大問題之後，馬可仕才掌握了金鑰。他不但可以處理羅傑的申訴，還能做得更多。馬可仕和經理群召開了會議，邀請所有辦公室裡的同仁，並且為過去的無效溝通和空間問題承擔起責任。他們讓同仁一起參與討論，了解裝修的細節；並且，讓所有人一起找出方法來改善員工因分處兩地所產生的溝通問題。馬可仕成功地解決了三個員工的申訴案，讓辦公室回到正軌。羅傑的案子點出了問題，讓馬可仕用更廣闊的視角來看待問題，因此規畫出談判策略，而這不只造福於羅傑本人，還可以應用於整個團隊。

本章的目標就是要讓你實際解決問題，所以你會需要花時間編織一張大網，才能捕捉最寬廣的視角。這就是創新專家所稱的「大格局」視角。你一旦定義了問題，就能學會把鏡頭拉遠，看到大格局和你原本疏忽的地方。

我們平常定義問題的方式錯了

很多人會跳過定義問題這個重要的談判步驟。我也看過很多人在談判中屈就於比較不好的結果，因為他們用一種幫助不大，而且充滿限制的方式來定義他們的問題。我來舉個例子。

羅珊娜是公司的執行長，剛拿到人資主管的調查結果報告。她發現資淺員工的流動率特別高，因此請人資部門進行調查，了解他們的工作滿意度。調查結果發現資淺員工的士氣很低。想像羅珊娜坐下來，定義要解決的問題並寫下：

我們的資淺員工滿意度非常低。

這個定義有什麼問題嗎？其實出現很多問題。首先，這個定義是看向過去。沒錯，我們跳下去設計解決方案之前，要先聚焦於問題，可是在定義問題時，要能夠清楚知道自己該掌舵的方向。這個問題的定義完全無法幫助她思考企業的未來。第二，這個定義採取負面描述，點出了執行長不想要什麼，而不是她想要什麼。假設我們划獨木舟，有人問我們要去哪裡，我們總不會想回答：「嗯，我知道我**不**想要撞上礁岩。」最後，用**滿意度**來定義問題非常的狹隘，就像用釣竿一樣。羅珊娜要解決的問題大得多，滿意度根本不能代表這個大問題。

清楚並徹底定義問題的五個步驟

第一步，請你花五分鐘的時間，想想自己的問題，並且把**你**要解決的問題寫下來，不管這個問題是安東妮雅想要解決的家庭衝突，還是你希望和裝潢公司談浴室裝修，又或者是你想要重振公司的士氣等等的都寫下來。關於現在的處境，把你想得到的各種因素都列出來，並寫下這些因素對你的人生、職業、公司或社群有什麼影響。舉例來說，羅珊娜在這個步驟可能會想要談員工流動率、調查、結果，和各種她想到的事情。

接下來，寫完之後，我要你把自己剛剛寫的所有內容濃縮成一句話，就像羅珊娜在上一段做的一樣。用一句話來總結問題，可以讓你最清楚、最簡要地掌握概念。羅珊娜寫下的是「我們的資淺員工滿意度非常低」。針對浴室裝修的例子，這句總結語可能是「報價超過我的預算太多」。對安東妮雅來說，可能會出現：「我姊姊不尊重我，對我做的事一點也不感激。」

第三步，把這句話裡所有往後回顧的負面觀點都換成向前看的正面觀點。當我們在自我定義要解決的問題時，要說出希望未來有什麼，而不是過去我們不要什麼。舉例來說，羅珊娜可能會把「我們的資淺員工滿意度非常低」，改成「我們需要讓資淺員工有高滿意度」。需要裝修浴室的人可能會將「報價超過我的預算太多」，改換成「我需要符合預算的新浴室」。安東妮雅的句子或許會從「我姊姊不尊重我，對我做的事一點也不感激」，變成「我需要我姊姊的尊重與肯定」。當你在划獨木舟的時候，若能把焦點放在目標（對岸），而不是阻礙（礁岩），就會有比較好的成果。若能有這樣的轉變，我們就能從充滿恐懼與抱怨的現狀，轉向為解決問題的正面思維，而帶領我們前往目的地。

第四步，將你的句子，改成包含**怎麼**、**什麼**、**誰**、**何時**的問句。羅珊娜可以提問：「我們可以怎麼做，來提升資淺員工的滿意度？」或是「我們要怎麼達成資淺員工的高滿意度？」要裝修浴室的人可能會問：「我要怎麼讓新浴室符合預算？」安東妮雅或許會提出：「我要怎麼感受到我姊姊的尊重與肯定？」訊息很相近，但是形成問句就會給你力量去尋找更具體的資訊並採取行動。而且，在談判中，問題就是答案。

最後，我們想要讓問題更廣泛，讓你看到大格局。如果你原本提出的定義就像羅珊娜的一樣狹隘，其實背後有個好理由。就是大腦背叛了你，它想要用釣竿，不想用魚網。看著你剛寫好的問題，問自己：「如果這件事成真了，會怎麼樣？」然後，把答案寫下來，想想要如何改寫原本的問句，才能反映出更大的格局。

羅珊娜這時可能會看著她的問句：「我們要怎麼達成資淺員工的高滿意度？」然後自問：「如果資淺員工滿意度提高了會怎麼樣？」她可能認為員工滿意度提高了之後，公司就能吸引並留住最好的員工，達成更好的結果。羅珊娜改寫過的問句可能是：「我們可以怎麼做，好讓這間公司成為業界頂尖人才都想應徵、留下來，並且認真打拚的地方，讓我們一起成功？」這樣一來，羅珊娜原本只想著滿意度調查結果，現在卻產生了行動方案，她便能在公司和所有人際關係裡掌舵、前進。

想裝修浴室的人可能會看著自己的問句，心想若能符合預算，那就可以多存點退休金了。所以，改寫過後的問句可能是：「我要怎麼達成預算，讓自己能多存點退休金？」安東妮雅的問句會從：「我要怎麼感受到我姊姊的尊重與肯定？」改成：「我要怎麼建立姊妹關係，才能有健康的情緒，又能持續下去？」安東妮雅因為改變問法，而清楚看見此事並非只針對錢或對自己的不尊重，而是她得要衡量自己的需求，才能和卡門繼續保持關係。

從上面的例子可以看出，我們往往根據自己的反應來定義問題，只根據一個動作或情境。每個改寫過的問句都會讓人跳脫當下觸發的事件——人資報告、老舊的衛浴、手足爭執，然後去試想更遠大的目標：成功的企業、完善的退休基金、情緒的整體健康。你就是需要定義出這個大格局，才能在談判中要得更多。

診斷常見問題

我常在討論「我想解決什麼問題」的時候，聽到下述問題。

◆那沒辦法解決的問題怎麼辦？

就連化解衝突的專家也認同，有些問題真的沒有解法。有時候，我們充其量只能管理問題。例如，我在寫這本書的時候，面對我父親愈來愈衰老，而我們都不知道要怎麼照顧他才好，眼前好像不可能做出最好的選擇。他需要二十四小時的協助，我們必須決定讓他住進有專人照護的機構，他才能很安全，但是他會非常想念家人；或者是要讓他留在家裡，這樣他可能受傷，而且我繼母和看護的壓力會很大。這狀況沒有完美、或甚至讓人快樂的解法。沒有談判策略可以改變事實，我父親的腦部病變無法治癒，而且會愈來愈嚴重。不過，我還是運用了這些問題來幫助我們做決定。就算是無法解決的問題，理解問題也能幫助我們減少此問題對生活所造成的傷害、壓力和焦慮感，或甚至協助我們發現新策略。

就算你不能解決最根本的問題（「我們要怎麼治癒額顳葉型失智症？」這問題讓我無路可退），還是可以找到能下手的切入點。我在替我父親做出醫療決策的時候，認真思考問題，最後將問題定義為：「我們要怎麼照顧爸爸，讓他能夠過得舒服又有尊嚴，並且讓照顧他的人感受到支持？」用這個方法來看問題，並且完成了上述的五個步驟之後，就能做出很明確的決定了：我們把他轉到失智症的安養機構，讓他能接受專業的治療，而且家人可以每天探訪。我們不能治療我父親的疾病，但可以重視他的舒適與尊嚴，還有家人的幸福。通常，面對一個無法解決的問題時，我們腦中若有可達成的目標的話，心裡也會安定許多。

◆如果我只是在和自己談判呢？

我們知道，談判就是在和自己對話時掌舵。開管理會議的時候，我該不該發言？我要不要去創業？我要怎麼在感情裡，更有信心地替自己說話？這個問題和鏡系列的問題在各種談判中都很有用。

有時候，很多人想學談判不是因為他們準備要和別人坐下來談判，而是因為覺得自己被困住了，需要清晰的視線才能做決定。這種受困的感覺通常就是內心的談判。我的人生要怎麼辦？我要做哪一份工作？我要重回職場嗎？我要怎麼做才能感覺更幸福？很多人相信一個巴掌拍不響，衝突一定是兩方所造成的，但發生車禍只需要一輛車！

當你檢視出自己為什麼陷入這個處境時，就能獲得更好的資訊，而可以協助自己度過這一關。如果你困住了，還是可以看看這個處境的正反面，想想衝突的感覺、模式和資訊，搞清楚自己為什麼會有這種受困的感覺。

自我審查：你的內心廚房裡廚師太多了

我在調解或輔導談判的時候，最常處理的一個問題就是，協助很多人面對自我審查的機制，並幫助他們為自己定義目標。你可能會以為自己的目標應該是甲，可是內心卻渴望著乙。

以前有個學生大衛來找我，他是我班上最厲害的學生，在其他課程的表現也一樣優秀。在這種頂尖的學業紀錄下，他設定自己的目標為進入最棒的事務所。（在這個脈絡下「最棒」就表示「排名最高」。律師都愛排行榜。）在法學院裡，學生暑假要到他們畢業後想去的事務所實習。如果他們有幸被錄取，暑假結束回到校園的時候，就知道自己已經穩了。全國最優秀的事務所都願意給大衛實習的機會，他也如願進入最想去的事務所，而且實習結束後，那間事務所熱情地錄取了他。

九月，大衛回到校園，跟我約見面的時間。他來到我的研究室，關上門，環顧四周，好像很怕被別人偷聽般，小聲地說他的暑假很充實、愉快，然後就沒講下去了。

「可是……」我問。

「可是……」他說：「我不知道。我原本的目標是要到排名最好的事務所。那裡很棒，我很幸運能在那裡找到工作。可是，如果我對自己誠實一點的話，我不知道那是不是我想要的人生。我想要有家庭。我想要花時間和家人在一起。而且……我玩樂團。我真的很希望能花點時間做音樂。」

「很棒啊！」我說：「那為什麼你看起來好像在跟我懺悔一樣？」

「嗯，」他說：「因為我覺得想要自己的人生……好像不會被社會接納。」

我忍不住爆笑，過了一會兒他也跟著我笑了。有時候，想要過自己的人生好像是個劃時代的革命目標。那一天，我們多談了談他的人生目標，還有他可以如何完成這些目標與其他職場的目標。我很高興能在此時向大家報告，我以前的這個學生現在有自己的人生了。他繼續玩音樂，而且很認真地陪孩子長大。這都是很有價值的目標，而且他辦到了。

如果你回答這個問題的時候，別人的聲音一直出現在你的腦海裡，怎麼辦？你或許會感到困惑，也許心想著別人覺得這是個問題。想想這個問題，把和這個議題相關的其他人給寫下來——或許是你的同事、客戶、配偶、孩子——然後，問自己他們對這個問題有什麼看法。認真研究一下。你覺得自己寫下來的這幾點，對嗎？有產生共鳴的地方嗎？最終，你的目標是要把別人的觀點放在一旁，如此就能專心地用自己的方式來面對問題。

「我不知道」

如果你在看這個問題的時候，腦中一片空白呢？或許你不確定自己為什麼會翻閱這本書。你可能是迴避談判的人。我知道有些人非常擅長迴避談判，他們甚至可以忘記自己需要談判。這就像是你不但把船槳放下來，還抱著大腿，把頭放在兩膝中間，隨洋流帶你去任何地方。或許你可能知道自己必須談判，可是不確定要怎麼開始思考問題。

有時候當我們身處衝突、艱困的談判中，或者是離不開的難關裡，會覺得生活一團亂，連要怎麼解都不曉得。

如果你覺得上一段在講你，可以試試看：問你自己上次覺得不滿、不安、不快樂、受夠了是什麼時候。那些感覺出現之前，發生了什麼事？這或許可以幫你定義想解決的問題。

或者你也可以反過來問自己：上次覺得很快樂、滿足、生活在正軌上是什麼時候？為什麼會有這些感覺？這也可以帶領你去發現自己的目標。

如果你還是一片空白：休息一下。我想請你專心想著下次你覺得開心或不開心的時刻，然後注意一下，在那個感覺出現之前，你想到了什麼。這樣你就能愈來愈清楚自己為什麼會打開這本書，而想要採取行動。請記得：定義你的問題或目標就是在奠定基礎，讓自己能建立出自己的解決方案。

小結

確認你想要解決的問題，是掌握談判第一個重要的步驟。你現在已經徹底定義了問題，我們就來看看其他的議題。

第二章　我需要什麼？

莉莉亞看著幾位新同事悶悶不樂、神色慘澹地離開了她的辦公室。二〇一三年，莉莉亞除了教授、律師、研究人員的身分之外，又成了福塔萊薩大學（福大）的副校長。這間私立大學位於巴西的東北方，她的職位要負責所有的研究所學程。

莉莉亞剛接下副校長的位子時有很多夢想，她想將福大的碩、博士學程帶往新的境界，增加新生註冊量，也提高福大在巴西的排名。不過那一天，莉莉亞的同事憂心忡忡地走進辦公室告訴她，福大的研究所學程整體狀況並不好。巴西經濟不穩定，失業率約為七%，福大很難吸引學生來讀研究所，因為私立大學的學生往往需要有穩定的工作和收入才能負擔學費。沒了工作，大家就不願意投資於研究所教育，畢竟要花那麼多錢，未來又不一定能回收。其他大學不願意公開他們研究所的招生數量，但莉莉亞的同事聽說大家都很辛苦。這群同事警告莉莉亞要先做好準備、承受衝擊，因為前景黯淡，在經濟、景氣復甦之前，似乎什麼也不能做，沒人可以改變環境。他們對問題的定義可以整理成：「我們沒辦法增加新生註冊數或提高排名，除非巴西走出經濟危機，提高就業率。」

莉莉亞的觀點不同。她納悶著福大要怎麼利用碩、博士學程來幫大家走出危機，找到工作，如此才能帶來希望，而不只是增加開銷。莉莉亞調查了福大必須怎麼做才能解決這個問題。她發現學校要提供的不只是特定領域的教育，如企業、法律、都市規畫，而是管理技巧，這樣才能吸引雇主青睞。她也知道福大必須要想辦法，透過碩、博士學程連結學員與工作機會。最後，莉莉亞想到了自己的需要：「身為研究人員，我很習慣找出問題、解決問題。每次我設法以創新的方式來面對一個看似不可能的處境時，我就會很嗨。我也是個職業婦女，很年輕就生了第一個小孩，當時我連書都還沒念完，所以在自己的生活中也很懂得發揮創意與毅力。我知道自己不能放棄擴展研究所學程的夢想，這對我和對其他人都一樣重要。如果我放棄了，不但會傷害福大，也會讓自己受傷。我和這間大學一樣需要這項挑戰。」

根據這項需求清單，莉莉亞重新建構了福大的研究所學程，不只提供了學科知識，還包含化解衝突、解決複雜問題、創意發想與團隊合作等管理技巧。她還為每個研究所學程設計了一個「頂點專案」。學生必須要創造自己的專案，把研究連結到學校之外的世界，去解決實際的問題，範圍可以在國內，也可以跨國。福大會將這些學生引薦給需要那個專題的企業或政府組織。莉莉亞稱這個新的研究所教育模式為「會帶來轉變的領袖學程」。她直接對外溝通，讓大眾明白景氣嚴峻的時候，更需要福大的研究所教育。果然，福大的研究所學生中，有些原本待業中的，後來都因為莉莉亞的牽線而找到了工作。註冊量開始攀升。

到了二〇一九年，當莉莉亞坐下來評估福大的研究所學程時，巴西的景氣確實和二〇一三年她剛建立「會帶來轉變的領袖學程」時不一樣，狀況更糟了：失業率接近一三%。不過，研究所的招生數量卻**翻倍**了。不僅如此，巴西政府中管理所有研究所學程的機構還因此改變了標準，以「此研究或專案對社會的影響力」來衡量碩、博士學程的品質——這就是因為他們看到了福大的努力。

莉莉亞重新設定問題，並且把重點聚焦於個人與大學的需求，讓福大的研究所學程改頭換面，也改善了國內許多人的生活。

我需故我做（或不做）

不管我們做了什麼事，都是因為受到了需求的驅使，那是所有人類行為背後的原因。假設缺了某一樣東西，你就會覺得很痛苦或屈於劣勢，那麼這樣東西就是你的需求，不單只是你的欲望或願望。需求一直都存在，不管我們當下知不知道或是否想到，而且需求是每分每秒都不停地影響我們的舉動，我們會做哪些事、不做哪些事，都是因為需求。

很多人準備談判的時候，都會先想著他們的「底線」，或者是在最糟糕的情況下還能達成什麼協議。但研究發現，那些把注意力集中於確認目標、抱負、志向的人可以在談判中得到更多——尤其是「樂觀、明確、合理」的目標。那我們要如何找到這些目標和志向？就是要確認我們的需求。當我們根據真實的需求來設定目標時，就可以站在清楚、明確的立足點上，因此能獲得更多。我們能更有信心且更準確地掌舵，朝目標前進。很多人都會問我：「你要怎麼判斷哪時候要離開談判桌？」「你要怎麼堅持目標？」「怎麼做才能開口要更多，而且充滿信心？」對我來說，這些問題的答案都一樣：你要先充分、徹底地理解自己最深刻的需求才能談判。你的需求會為你帶來堅強的力量、清澈的思緒。

相對地，當我們沒有搞清楚需求就走上談判桌，或甚至這般在人生旅途中闖蕩，就會失去方向。這就像坐在獨木舟裡，把槳放在腿上，任由風浪支配。我們或許會覺得茫然、驚慌、沒有條理。可能也永遠找不到目的地，因為不知道要掌舵去哪個方向。

儘管我們的需求對談判來說很重要，但是因為我們經常沒有問自己正確的問題，所以無法發現需求。這一章會教你怎麼問正確的問題，來發現需求。

確認你的需求

「我需要什麼？」是很重要的問題。這可以幫助你找到任何問題或談判的根源。要完整回答這個問題，需要練習和耐心。你要在此時，問自己需要什麼，並寫下答案。很多人回答這個問題的時候，會發現各種不同類型的需求，我會帶著你逐一探討，並提供幾個很重要的後續問題，你的需求因此更可以具體浮現，就能推導出行動方案，如此你就能有信心地朝著抱負和志向前進。我們也會看看要如何挖掘可能連你自己都不曉得的隱藏需求。最後，再來談談如果你的需求之間彼此衝突時，要怎麼做。

換你照鏡子

我希望你展開這項練習的時候，預留時間來深思自己需要什麼。我建議你在我們廣泛討論人類的需求前，先把答案寫下來。找個舒服的地方，關掉手機，專心閱讀鏡之卷。騰出五分鐘，寫下所有浮現在腦海中的詞句。請記得，不要自我審查！任何小念頭，即便只出現了幾分之一秒，你都要如實地寫下來。如果你腦海中什麼都沒有，一片沉靜，那也沒關係。靜坐幾分鐘，讓自己體驗悠閒與耐心（才五分鐘）來回答這個問題：**我需要什麼？**

如果你寫了幾個字，卻覺得卡卡的，就想像我在問你：「還有呢？」或是「關於你剛剛寫下的這幾點，你能不能多說一點？」時間到之前，請繼續想、繼續寫。

有需求是人性，懂需求是神性

我刻意將本章定位在由你開始出發，因為希望讓你能自由地回答這個問題，我不想急著給你別人的範例或相關研究。

現在你有點想法了，我們來更廣泛地分析需求。需求是什麼？我們對需求有什麼想法？我們要如何解釋它們？這些需求對我們的談判有什麼意義？

問題：我們把需求和其他東西給搞混了

我們根本沒有練習過怎麼確認自己的需求，所以經常搞不清楚什麼是需求。舉例來說，需求和情緒不同。如果你對現在的處境有某些感受，通常那是因為有需求沒有被滿足。我們會有感受是因為我們有自己的需求。

我們也常常把需求和談判的要求或情勢給混在一起。例如：「副總的位置我等了十年，終於輪到我了，部門下一個提拔的應該就是我。」或「我計畫要帶小孩出門很久了——今天不行。」在法律訴訟裡，要求往往沒有被寫進檔案裡，像是「他違反了我們的合約，欠我五萬美元」。

需求不一定很明確，所以很難被確認，因此我們會把重點放在「要求」上，因為確認「要求」比較容易，要求往往比較具體、有形，或是和錢有關。

那麼需求和要求的差異是什麼呢？需求是我們**為什麼**會提出要求的原因。當你發現了需求，就會得到無價的資訊，可以協助你**和**另一方順利談判。

談判中看見了人類的需求

我花了十幾年的時間，調解各種衝突之後，發現不斷出現的其實是人類的需求。但人很多元，需求也很多元。考古學、心理學和法學等眾多學科的專家都研究過需求，也創造出很多方式來將需求分類。

我在此處會著重幾個人類體驗到的需求類型。這個分類來自心理學研究，列舉的需求跨越性別、文化和題材的差異。我們會先說明基本的身體需求，然後再討論社會、情緒等其他需求。我們先來看看這些類別，看你對哪一個比較有共鳴。

◆基本的生理需求：最要緊的事先辦

人類最根本的需求就是基本的生理需求：食物、保暖、遮風避雨、睡眠、性、空氣和水。對很多人來說，這些需求最要緊，我們必須要滿足基本的生理需求才能正常生活，進而把注意力放在更高層次的需求，像是財務無虞或情緒的滿足。

我見證過人類的生理需求一定得先獲得滿足的例子。在紐約市民事法院裡，我看過很多爭議事件，其中一方沒有穩定的食物來源，或無家可歸。我還記得有個房東告以前的房客欠租金不付。法院要求我們協助他們談判。我們把雙方帶到了法院裡的調解室，被告安靜地坐在桌子的一邊，儘管室內已經很溫暖了，他還是縮成一團、直發抖。輪到他發言的時候，他怯生生地請我們多給他一點時間，他說他沒辦法整理思緒。我的學生看到了這個情況便建議單獨談（這是調解人的策略，我們可以只和其中一方對話），這樣另一方不在場，他想說什麼就比較不會有壓力。

我們單獨對話之後，這個前任房客便對我們敞開心房。他說自己現在無家可歸，而且在失去住所之前，他就已經沒飯吃了。他說：「我不是要講得很戲劇化或什麼的，可是我發誓……冰箱裡沒東西的時候，你真的很難思考。」我很佩服他儘管挨餓、受苦，還願意來參與談判。最後，我們認為要先讓他獲得資源和協助，滿足基本的生理需求以後再協商，這樣才能有效運用時間。我們給了他調解中心的電話，等他處境好一點，準備好要協商時再打給我們。

飢餓與衝突的關係也存在於全世界。聯合國世界糧食計畫署（WFP）執行主任大衛．畢斯利（David Beasley）說：「飢餓與衝突的連結強度很高，也有高度的毀滅性。衝突會降低糧食安全，造成緊張關係與不穩定的情勢，進一步可能觸發暴力事件。」據畢斯利表示，全球有八億一千五百萬人沒辦法長期穩定獲得糧食，其中有六成住在衝突區域裡。

就算我們生活中沒有缺乏糧食的問題，也不受戰爭影響，一樣有這些基本的人類需求。我在調解糾紛的時候，就是因為理解生理需求，所以一定會讓大家有足夠的飲食和休息的時間。生理需求沒有被滿足的話，我們就無法專心。談判的時候，不要忽略了你和對方都需要食物、飲水和休息。

◆安全需求

下一類的需求是安全，包含了安全感和經濟穩定。這些通常比其他類型的需求感覺更急迫。

安全感，或者是覺得自己受到保護不會被傷害的感覺，對所有人類來說，都是一項基本需求。我曾經邀請科索沃駐美的外交官，到哥倫比亞大學法學院來談他們建國的和平歷程。他們每一位都說科索沃的公民過去飽受饑荒與暴力所苦，在他們沒填飽肚子、沒有獲得安全感之前，就沒辦法有「自由」和主權；唯有恐懼退卻後，他們才能開始思考要如何進步或擁有政治地位。如果你的需求清單裡面，包括了很基本的項目如安全感，那麼或許應該先著重在這些需求上，再思考我們後面提到的其他種類的需求。

人類對安全感的需要也會影響我們日常生活的選擇和考量。在每天要面對的決策中，有一些被我稱為「安全感協商」——這表示我們重視穩定、想降低風險的意願大過存錢或其他需求。

有一次我替美國政府官員辦談判訓練工作坊，參加者米凱拉說她前一陣子為了要安排兒子的托嬰，而和先生溝通得很挫折。他們的托嬰中心因為遠距工作而縮編，這表示她和先生必須要找新的托嬰中心。她找到了一個很安全又漂亮的機構，離家很近，剛好有一個名額。那裡的收費接近他們的預算上限，幾乎完全符合需求，她準備要簽約了。但是，她先生因費用偏高，所以堅持要再多找幾間便宜一點的。米凱拉很惱怒地把這個案例拿出來和同事討論。

我說：「聽起來，妳對安全感的需求超越了妳的經濟需求。」

她答：「沒錯，對，就是這樣！我很重視安全感。對我來說，只要重大決定不拍板定案，我就會擔心。如果那間托嬰中心額滿了，怎麼辦？如果找不到更好的，怎麼辦？我寧願趕快定案。我們在找房子的時候，我也是這樣。我們一看到適合的，我就決定好了。定案會讓我鬆一口氣。」

她很強調確定托嬰中心的安全感。同時，她先生比較重視經濟效率的需求。他們和托嬰中心協商後，爭取到多一點時間來決定。米凱拉和先生同意，如果不能在這段時間裡，找到更便宜的托嬰中心，就會去這間，然後從其他地方省錢。當能明確決定什麼時候做什麼事情之後，米凱拉就有安全感了，也可以讓她先生放心地知道，不管選擇哪一間托嬰中心，他們都會妥善掌握、運用金錢。

財務安全感屬於基礎的需求。錢可以讓我們買到生活必需品，像是食物、健康保險、托嬰照護，還有急難時的安全網。當大家針對他們的安全感進行協商，或針對合約的價值進行談判時，心裡想的可能是某個可以被錢滿足的需求。如果個人的經濟需求很急迫，他們會重視經濟穩定勝過一切，包括頭銜或生活品質。不過，如接下來的幾頁內容會讓你看到，金錢也會連結到其他比較不具體的需求。

◆心理與情緒需求

你覺得自己可以在談判中抽離情緒嗎？再想想吧。**所有**的談判，包括以金融財務為主題的談判都會牽涉到心理與情緒需求，包括了：

愛與歸屬感的需求，包含了愛、接納、社會支持、歸屬感、親密感、情感、連繫（感覺到自己屬於某個群體，可能在職場、家庭裡，或是朋友之間）。這類需求會出現在人與人的談判中，一點也不奇怪。我們最需要親近的人給自己愛與支持，其他的需求並不多。

有時候，很多人看到「愛」「歸屬感」「自尊」的詞彙，就會問我這些需求真的會出現在職場談判中嗎？其實，每一回的職場談判都和這些感受有關。在我的經驗裡，很多人開口要錢，或者想要金錢索賠，都是因為他們沒辦法得到愛、認同、肯定或接納。我們花很多時間在工作，研究發現有沒有歸屬感、有沒有默契都會影響到職場的生產力和幸福感。

被重視的需求，包括受自己重視（尊嚴、得意、成就感）和被別人重視（尊重、名望、認同、地位）。我很喜歡協助別人談判，就是因為可以看到他們在替自己達到很好的結果時，散發出成就感與得意的光芒。事實上，自尊心的需求或許是你翻開這本書的原因。你也希望能活出更得意、更有成就感、滿足感的人生。如果是這樣，請繼續看下去：我會在這章中，協助你把這些強大的需求轉化為行動方案，讓你離實踐目標更近一步。

潛藏在所有人與人的談判、企業之間的談判，以及外交談判中的是，被重視的需求。這個類別裡面有四大需求，分別是尊重、尊嚴、認同和名聲。

我還沒見過可以不表現尊重就順利談判的畫面，尊重就是指你對別人的敬佩，或是你願意顧及別人的感受、權益、希望。婚姻研究員約翰．加特曼（John Gottman）以尊重為主題，研究了數十年之後，發現缺乏尊重是導致離婚的「四大兇手」之一。同樣地，在商場上，研究也發現當大家獲得尊重，他們就願意付出。尊重創造信任——和生意。

尊嚴在某些文化裡稱為「面子」，對身處任何處境的人都很重要。從搖籃到墳墓，每個人都想要感覺到自己很有價值——這項需求可能和他們的健康有關，也可能影響到他們活下去的意願。我父親的安寧機構協助他，最後一次回家接受家人的陪伴時，我很驚訝也很感動地發現，他努力自己下車時，手上拿著花。他的安寧護理師派翠西亞問他，要不要帶花去看太太，因為他要回家吃晚餐。他有能力說好，所以安寧護理師帶他去買花。儘管父親當時已經那麼孱弱了，護理師還用心維護他的尊嚴。

尊嚴在職場也很重要。資深外交官曾告訴我，如果你公開嗆別人，就是在傷害對方的尊嚴。你讓那人丟臉，會造成他強烈的怒意和防備心，雙方就更難達成共識了。擅長談判的外交官都知道，如果接下來的談話不容易進行，他們就會選擇一對一。有個外交官說，曾經有場大型的多國談判，到了半夜卻破局了，因為有位領袖覺得自己受辱：「他在盛怒之中離席。我跟著他，去看看怎麼回事，遠離了談判桌，我說我很重視他的需求，也想要幫忙。最後他回來了。只要支持他的尊嚴，我們就不必在政策上轉彎，影響到全世界。」

認同是另外一項重要的需求。我在職業生涯中，參與了數百場調解案件，幾乎**每一場**都會看到人的認同需求。我在很多自己協助的案件裡，發現事件的核心都在於：每個人都需要對方認同自己在這段關係裡的付出。同樣地，在商場上，當很多人覺得自己或本身的觀點不被認同時，談判或組織就會破裂。如果有個決策人員能夠充分肯定所有人的觀點，他就可以提高所有人的參與度，儘管大家的觀點還沒辦法整合成解決方案。

最後，在談判中，很多人的內心深處其實很在乎名聲。在許多談判的過程中，我看到名聲的需求反覆出現，但往往表面上看不出來。很多人來找我諮詢，討論要怎麼談薪水時，他們會告訴我，錢除了可以提供生活必需品之外，也能建立名聲。如果你以後還要面對很多類似的談判，例如，你要把新產品或服務銷售給顧客，就會發現自己的名聲或產品，在市場裡的口碑很重要。

有位經紀人回想起，過去要幫自己經紀的第一個演員談合約，當時他很菜，發覺自己沒有彈性，讓製作公司很生氣。但他還是很堅持，為什麼？因為他才剛起步，不想要讓人家覺得自己很好凹。如果對你來說，談判的時候名聲很重要（通常都很重要），那你現在就要花點時間，想想你要建立什麼名聲。

掌握方向的需求，包括自由與自主。有一種深刻的需求是，他們必須要知道自己在法律、組織規範（和家規）允許的範圍之內，可以為自己的決定負責。就算你正在談判的對象沒有最終決定權，像是你的孩子，但諮詢他們的意見、傾聽他們的想法，或給他們幾個選項都能滿足他們掌握方向的需求。

綜上所述，我們每天面對到的法律、商業、家庭、鄰里和外交談判都由心理與情緒的需求所主宰。

◆其他需求

·**超然價值**：這些價值觀超越了自我（例如宗教信仰、神祕體驗、特定的自然體驗、為別人所做的貢獻、美學體驗、性經驗、對科學的追求等）。

·**認知**：知識與理解、好奇心、探索欲、對意義的需求、可預測性。

·**美學**：審美觀、對美感的追求、對平衡的追求、對形式的追求等等。

·**自我實現**：理解自己的潛能，並加以實踐，追求個人成長與突破的體驗。

我理解到自己有自我實現的需求之後，才動筆寫了這本書。十八年前，我還在哥倫比亞大學法學院念書的時候，曾經坐在幽暗的紐約市法院會議室裡，體驗到了電影裡才出現的那種突破。我報名了一堂課，名稱是「調解實務」。我法學院的朋友建議我上這堂課，他只說：「課程中要一直講話──妳會表現得很好。」我的教授上了幾堂簡短的調解訓練課之後，就派我去法院進行第一場調解了。

那天，當爭執的雙方在我面前坐下來，我開始協助他們化解糾紛，那時我清楚地悟出了這就是我來地球的目的。我知道當我幫助別人以更好的方式談判、協商時，就在實現自己的最高潛能。我從來沒有覺得這麼充實過。那個學期，我繼續在調解中心擔任助教，協助其他學生學會以更好的方式進行調解。我真的很愛這份工作。

從哥倫比亞大學法學院畢業之後，我到全國最頂尖的事務所擔任律師，我很喜歡工作和同事，薪水也很好。父母很高興我找到了穩定的工作，可是我對人生還有更多想法。我回想起在法院的日子，發現自己需要那種協助別人化解衝突、並幫助學生實現潛能的充實感。我知道回哥倫比亞大學教調解課可以讓我成長。今天，我坐下來寫下這一切，心中很清楚這股自我實現的需求帶領我做出了此生最棒的決定——離開知名事務所去教書和調解。我每天起床的時候都感覺到很充實、圓滿。

每個人對各種需求的重視程度不一樣

請注意，雖然大部分的人比較重視基本的生理和安全需求，但這套標準不見得放諸四海皆準。人類對各種需求的重視程度不一樣，如果你有充分的談判經驗，就會發現有些人或許更重視靈性的需求，勝過於經濟安全感。我曾經調解過一個和宗教組織有關的案子。死者家屬控告死者生前所屬的宗教組織違反合約，家屬說死者生前非常虔誠地投入這個信仰，並且跟他們說，這個組織承諾過如果他沒有錢可以辦喪事，那麼這個組織會安葬他。等他往生以後，家屬聯絡這個組織，確認他是信眾——可是卻沒人回應。家屬聲淚俱下地表示，死者的遺體在停屍間擺了一個月，他們才湊到錢讓他下葬。

這個案件裡沒有白紙黑字的合約。但這個組織的律師本身也是信眾，她從一開始調解的時候，就跟我說：如果家屬所說的是事實，那麼這個組織就一定會拿出和解金，不管法律怎麼說。組織的靈性需求超越了法律或經濟的需求。

再深究下去：有形與無形的需求

你已經了解了上述幾個需求的分類了，哪一個比較有共鳴？有沒有想到其他需求？如果有，請寫下來。

你完成了需求清單以後，我們可以更仔細地來檢視你寫下的內容，協助你更深刻地理解自己的需求。我們會擬定行動方案，讓你可以確實滿足這些需求。第一步就是要看著自己的需求，將它們分成兩類：有形和無形。

有形需求

我們先從有形的需求開始。有形就是你可以摸得到、看得到或能夠計算：包括顧客、鈔票、頭銜、成績、工作、貨架上的商品、商店裡的畫作。如果你問自己「我需要什麼」，然後先回答有形的物品，像是「更多錢」「晉升為副總」或「更多客戶」，這個出發點很好。你要把所有能想到的有形需求都寫下來。

但做完這個還沒下課哦，因為我們在考量需求時，不只考慮有形的價值而已。請你看著清單上的有形需求，問自己這些問題：

「這有什麼重要？」

「這對我來說代表了什麼？」

這些問題可以協助你明白自己為什麼需要這些有形的物品。我們知道**原因**以後，就可以進到下一章去討論**如何獲得**。舉例來說，你可能會先從很具體的東西開始，像是「我這一季需要五個新客戶」。當你問自己新客戶哪裡重要的時候，就會發現自己明白了「我需要新客戶是因為這代表財務更穩定」，或是「我的人生需要挑戰和突破」。這樣很好。當你鑽過了具體的外層，就會發現最深刻的需求和價值。我們就能據此來設計你的解決方案。

有形需求通常還代表了其他的——通常更大的需求，這個有形物質只是其中一部分。我們必須要能挖掘有形物質的下方是什麼，才能窺見更大的需求。舉例來說，沃登創立了一間保健消費品公司，當我問起他的公司有什麼需求時，他的第一個答案就是「滲透大型連鎖商店，在二〇二一年第一季提升美國中西部城市的消費量」。我再繼續問為什麼這目標很重要之後，他答：「每個人都知道我們的產品在沿海城市可以成功。很多保健產品在紐約和洛杉磯都賣得很好。這是一定的。一個產品要真正能成功，就是要在二、三線城市也賣得好。如果我們連愛荷華州狄蒙都能闖出業績，那麼投資人和市場就會知道我們的產品是真的好，有助於下一輪的募資。」我把他的話總結一遍、重述給他聽，並問他：「所以對你的需求來說，中西部的滲透率究竟有什麼意義？」他答：「嗯，我還沒有想清楚，但說真的，中西部的數字會影響募資——可以讓我們現在的投資人很高興，也能吸引新的投資人。」我們後來在需求清單上增加了「吸引投資人、滿足投資人」，然後把「中西部銷量」寫在下面。

就像沃登一樣，當你更明確地表達出深處的需求之後，或許就能寫出更多有形需求，或描述得更為精確。在你清楚這些需求對自己為什麼很重要之後，我希望你能問問自己：「我要如何實踐、滿足投資人的需求？」這樣一來，你就會很清楚最根源的需求，並且列出完整的選項來滿足。

無形需求

你的清單上可能列了一些無形的需求，或許是短暫卻重要的理想，讓你對人生感到充實——就像我們前面提過的。當你列出了有形需求，連結到更深刻的需求時，那就是你的無形需求。常見的無形需求包括：尊重、名聲、認同、溝通、成功、進步、愛、安全感、隱私感、自由。

有時候，無形需求會讓人覺得模糊、難捉摸，因為你看不到，也無法計算。但無形需求很重要，因為它們通常超越了特定的議題，而且讓我們對人生感到有意義和具有使命感。理解這些無形需求可以幫助你規畫自己的職業或個人生涯。請記得，在這本書裡，我們要為你的人際關係和未來掌舵，看全局而非只看一場談判。你要發現自己的真實需求，這樣才能創造價值，不只是讓對方和你握手、簽約或擁抱而已。

所以如果你的清單上還沒有寫下無形需求，請花一點時間想想你剛剛列的需求。有沒有哪一點連結到了你在本章裡看到的無形需求？當你在閱讀的時候，是否哪個無形需求浮現在腦海中？

如果你已經寫下了無形需求，很棒！我們現在要進入第二階段：讓無形需求更具象。我們要讓無形需求也能轉化為行動方案，這樣你就可以開始邁步向前、實踐目標。所以你要看著每一項無形需求，問自己這個重要的問題：

這看起來是什麼樣子？

舉例來說，當我在調解企業衝突的時候，常聽到別人說：「我需要公平地解決這個問題。」他們會反覆提到公平性。當我問：「對你來說，怎樣看起來才公平？」我們就開始朝著解決方案前進了。對每個人來說，公平的畫面不太一樣。我提出這個問題的時候，對方可能會說：

二十萬美元

兩千美元
升官
為我預約孩子的語言治療
獲得執行長的諮詢
週間每晚可以看電視一小時
未來乾洗都打折
投票權
放假
離開小孩、放飛
住處不可以養貓（真的有人有這種需求！）
更好的辦公地點
收到道歉

有畫面了嗎？對**你**來說，在不同的情境或時間點，公平可能代表不同的待遇。你不問自己就永遠不知道公平對你的意義。所以，請你看著每一項無形需求，確實地自問：「這看起來是什麼樣子？」你有了初步的答案之後，請繼續追問自己：「我要怎麼在這個處境裡，達到公平（或達成其他的無形需求）？」請一直寫一直寫，直到你覺得這個內容清單很完整為止。

我還有另一個例子：布蕾特在家全職照顧三個兒子十年之後，一直猶豫著要不要重回職場？她的兒子這時分別是五、七和九歲。她以前是管理顧問和專案經理，後來在家帶小孩的時候，對營養諮詢產生了興趣，還去上課。她知道自己想創業，也在社群媒體上設立了粉絲群。不過，很長一段時間，她覺得自己因為不曉得要走向什麼方向，一直在拉扯，最後就停滯不前了。她決定要把自己的需求都寫下來，希望這樣可以讓她清楚理解自己的企圖心。

她的清單上有一項是「進步感」。我問她「進步感」看起來像什麼？她說：「嗯，我想要創造具體的東西，讓大家買單。像是電子書，裡面有各種育兒祕訣，也可以當講義。還有當面諮詢。我不想要只在社群媒體上發文。有人當面，或者是透過視訊和我一起討論案子，都會讓我覺得自己在進步。」因為我提出這個問題，我們才能更加確認她的需求（還有實踐需求的行動方案）：建立實體文件，讓大家可以拿在手上、可以閱讀；找到諮詢的客戶，讓她接案。

那錢呢？

經濟需求很真實。錢也算是基本的、有形的人類需求，因為錢可以讓我們買到生活必需品。但錢也代表了其他東西，所以錢也算得上是無形需求，錢可以代表尊重、認同、進步、貢獻、成就，甚至自由。

這幾年來，我和很多不同產業的人談過。他們說，有時候金融談判，甚至在條件很合理或很理想的情況下也會破局。為什麼會這樣？因為這個金額不只代表了損害賠償或錢財，對另一方來說，可能還具有象徵意義：對認同的需要、對公平的渴望、感情破裂的心碎。

所以，如果錢是有形需求，就要探討金錢對你的意義。金錢代表了什麼價值？除了金錢以外，還有什麼能讓你達到同樣的價值？如果錢屬於無形需求，例如「經濟自由」，那就問自己：「經濟自由看起來是什麼樣子？」這可以協助你把金錢放在適合的脈絡中，讓你清楚地知道自己需要什麼，才能達成那項價值。那代表的是豐厚的退休基金嗎？存款裡有一年的年薪？

明白自己實際的需求可以幫助你設計自己的未來，不只是談判成功而已。

診斷常見問題

如果你在回答「我需要什麼？」的時候，碰到了阻礙，這裡有些小提示。

◆如果我卡住了怎麼辦？

如果你讀到現在還是腦中一片空白，怎麼辦？如果你沒辦法確認出任何需求，我可以提供兩個小祕訣。

第一招：想想看你現在的處境中，有哪些事情你無法容忍？或哪件事情讓你最煩心，然後再極端去想，寫下相反的情境。這就是你的需求。舉例來說，如果你現在最大的問題是，在感情裡不受重視，那麼你在尋找的可能是欣賞、尊重、肯定。如果你翻開這本書，是因為你的工作讓你毫無片刻安寧……嗯，那現在可以看清楚你的需求了。

第二招：把你從別人認為你應該需要什麼的觀點中，抽離出來。我們很容易被**別人**說的話給綑綁，他們可能會根據自己的處境，來推測、認定我們**應該**需要什麼。如果你卡住了是因為想到了別人，那就寫下來。將別人眼中你的需求給寫下來，然後放在一旁。寫下來就可以協助你清楚分辨自己的需求和別人眼中的需求。

◆如果我代表組織或別人去談判，我要怎麼面對自己的需求？

「我需要什麼？」除了可以問人，也可以問企業或機構。我們腦力激盪、列出需求之後，會根據你在談判桌上的角色、身分來更深入地協助你拆解、剖析需求。

我們要怎麼確認自己為所有「帽子」，也就是扮演的角色負責？想想你正式或非正式的（一）責任、（二）身分、（三）角色。以柯莎為例，她是老師，也是媽媽。她女兒艾玫妮有自閉症，她正在和學區協商艾玫妮的特教計畫。當她坐在談判桌上，她想到了她的需求包含（一）身為艾玫妮的家長，她必須替女兒發言；（二）身為當地特教親師組織的領導人，她代表著鎮上的所有孩子；（三）她是一名教育從業人員，很重視老師的角色與專業。而拆解這些需求就能幫助柯莎決定要追求什麼（艾玫妮的個人看護和每天接受療程），以及她要如何主張自己的說法，讓現場的教師也能有共鳴。

同樣地，如果你代表了一個組織，就會有個人和機構的需求，就像本章開頭時，提到了莉莉亞的經歷一樣。

總結來說，當我們在上談判桌之前，整理了所有的身分，就可以完成這些目的。

首先，這麼做可以讓我們延伸、拓展需求清單，如此就可以滿足談判中的需求，接近自己理想的願景。第二，這可以幫助我們確認談判時的不同角色，有一些角色可能連我們自己都沒想到。最後，這可以幫助我們明確點出看似互相衝突的利益——我發現這些內在衝突的需求就是造成衝突或停滯的主因。

◆如果我的需求互相衝突怎麼辦？

當你發掘了自己的需求時，或許會發現其中可能互相衝突。舉例來說，當你在考慮要不要從穩健的大公司跳槽到新創公司時，會發覺把新產品推向市場需要職場的自我成長，但你同時也需要為家人維持財務穩定。這是個重大發現！這可能會讓你獲得一些線索，讓自己更知道為什麼沒辦法採取行動，做出轉職的決定。把兩種需求都寫下來。一旦釐清了你有哪些互相衝突的需求（我們都會面臨這種情況），就可以搞清楚這些需求是不是真的互相衝突了，有沒有一條道路可以同時滿足兩種需求。讓我告訴你：通常都有。

如果你打開這本書，是因為覺得自己的生活或職業停滯了，檢閱你的需求清單，問自己上面有沒有互相衝突的項目。如果有，這可能會引起你內心的衝突感，並造成

家長	配偶	我自己
和兒子的連結	與丈夫財務保持平衡	和自己的連結
協助兒子閱讀	讓家庭運作更順暢	財務貢獻
投資於他們的發展	家庭和諧	進步感
在孩子長大之前，陪伴他們	和丈夫的連結	冒險

（一）熄火了，發不動的感覺，以及（二）衝突的感受或行為。要處理這種狀況，你可以看看互相衝突的需求，讓想法更具體一點，以此來檢查實際上是否如此。根據我們的角色和身分來拆解這些需求，也可以讓自己看清楚衝突。回顧布蕾特的例子，她花了很多時間在家帶兒子之後，猶豫著要不要回到職場，卻發現自己不知道要走向何方。她覺得她和自己存心作對。當我們討論到她的角色和需求的時候，她拆解為上方的表格。

列出表格細項後，布蕾特看了看她的需求說：「我擔心自己想要和兒子建立連結的需求，可能會和我想要旅遊和冒險的欲望起衝突。」我們再看看這三種角色的利益，了解實際落實到生活中會是什麼樣貌。

當布蕾特自問「和兒子建立連結」是什麼樣子時，她發現自己想要的是：

- 有專屬陪伴孩子的時間
- 週六上午可以在開始運動和遊戲前，先賴床、互相依偎
- 每週兩個晚上全家一起吃晚餐，不開電視

當我們討論到她對「旅遊和冒險」的渴望時，她定義為：

- 一年一度「拋夫棄子」的旅遊
- 在另一座城市，為其他重視旅遊和社群的媽媽辦工作坊
- 上法文課
- 做一些能帶她離開舒適圈的活動

於是我們看著這兩份清單，這兩者的利益真的互相衝突嗎？是否有什麼辦法，可以讓布蕾特同時滿足兩種需求？布蕾特和我在審視這份清單的時候，立刻發現有很多方式可以讓她同時滿足這些非常重要的需求。例如，她可以每週上課，也還有時間能每週全家一起不開電視、吃晚餐兩次。她可以和孩子擁抱，也能和丈夫約會，同時安排自己

的旅行。有時候，我們可能以為自己不同的利益彼此交織，產生嚴重衝突——例如，我們需要裝修廚房，可是又要省錢，存下急難基金——不過，通常當我們深入探究，檢視真正的需求落實在生活中以後的樣貌，就會找到方法來同時滿足這些需求。

（請準備好，在「窗之卷」你將練習協助其他人找到統整需求的方法。）

最後的叮嚀：需求和人類一樣，會進化

如美國作家阿娜伊斯·寧（Anaïs Nin）所說：「人生是一個轉變的過程。」需求就和人一樣，都不是靜態的：需求會一直變動。我們改變的時候，身分和角色也同時在轉變。所以，我們作為孩子、女人、經理、醫生和教練的需求，也會隨著自己進化。

作為教職員，我的需求也會隨著時間而發生改變，我現在的需求和十二年前剛開始在哥倫比亞大學教書的時候已經很不一樣了。沃登作為企業執行長，他的需求在創業初期是要改良產品、尋找種子資金，等到他的公司募完第三輪，要拓展到全美市場的時候，他的需求就不一樣了。布蕾特身為家長、配偶和作為人本身，她的需求會隨著自己的進化、孩子的成長與發展而轉化。

所以如果你現在面對的議題牽涉多重談判，需求也會隨著時間而發生改變。如果

你和別人見面的次數不只一次，那麼也應該常常和自己碰面。

小結……和最後一個問題

我們來做個小練習。我希望你現在花時間想想，好面對那些你還沒有承認的需求。

這是什麼意思？有時候我們最強烈的需求被自己隱藏起來了，連自己都沒發現。我們在不知不覺中進行自我審查，所以我希望你看完這一章的時候，可以先暫停一下，問自己這個問題：**在這個處境裡，你的需求中，最糟糕的是哪一項？**

我聽到布蕾特說了一些比較「能被社會接納」的需求，要照顧家庭、呵護她和丈夫的關係等等之後，我問了她這個問題，她暫停了一會兒，深呼吸，然後發現了幾個「祕密」的需求。最後，她承認她的成就感不能只局限於家裡。「我知道我不應該這麼執著於這件事……我是個媽媽，對吧？我的小孩最重要，那是一定的。但我真的很想念以前在外面**有所成就**的感覺。」

列出「最糟糕的」需求，對每個人都至關重要。我們經常審查自己的需求。我們覺得渴望成就感、魅力……或金錢不是一件好事。但這些需求有什麼錯？為什麼我們那麼難以承認這種感受？當我們忽略了這些需求，就會否定一部分的自己，而限制了自己在談判中的發展——然後就壓抑了那個無可限量的自己。

你回答了這個問題，也扮演了每一個角色，列出有形與無形需求，並且更深入、具體地描述需求後，我們要回來做個總整理。請回頭看你寫下來的一切，整理成一段話。把你腦海中出現過的字句和主題都記下來。你要帶著這段話，前往下一章節。

第三章　我有什麼感受？

可拉是一名忙碌的高階主管，她畢業之後就在這間大型國際消費品企業工作了十八年，大家都曉得她沒什麼幽默感，平常也不太開玩笑。她穩扎穩打地拾級而上，負責的業務就是將居家清潔用品和保養品，銷售到大型連鎖藥局和其他商店通路。

這份工作節奏很快，有時候讓人感到壓力很大，但是可拉自從在這間公司工作以來，就連最親近的同事和朋友都沒見過她挫折、洩氣的神情或掉過眼淚。很多人都聽她說過「我不會洩氣」「我沒時間洩氣」。她在年度考核的時候，收到的建設性批評多是「慢一點」。隨著她的職級愈來愈高，她也建立了家庭生活，結婚後很努力存錢，只花用薪水的一小部分，為了能攢錢、買下理想的房子，有財務風險的決定她都不考慮，所以存了不少。她要買房子前，給我看了一份超驚人的試算表，詳列出各種她想要的機能，並仔細分析哪間房子符合她開出來的條件。她說她將生活的大小事都做成試算表。她選了試算表中，有最多勾勾的那間房子。後來可拉生了兩個兒子。他們出生以後，她對健康生活的領域愈來愈有熱情，還取得了營養諮詢的證照。她的注意力轉向如何提供家人健康的飲食，也開始思考哪一種居家用品適合在家裡使用，並且動手研究更天然的產品。她比較了自己為家裡所選用的產品和她在職場上銷售的品項，卻發現了斷層。她開始認為或許自己該做點什麼。

過去這一年，可拉一直在觀察天然清潔用品領域內的新創公司，等待合適的機會出現。很多企業都在對她招手。她在尋找轉職機會的過程中，建立了試算表去評估市場潛力，還有每間公司開的薪資待遇與高層管理管理團隊的風格，同時她也請我擔任談判顧問，不過她一直拒絕這些公司，繼續觀望。終於，有一間公司開出來的條件優於其他公司。這間公司進入對的市場，當時正在發展階段，能給她適合的職銜，但是薪水遠低於她目前的待遇，畢竟她目前的公司已是這個領域裡站穩腳步的巨人。她反覆猶豫了好幾個星期，針對待遇進行協商，不確定到底要不要跳槽。最後，到了決策點：她已經在談判過程中拿到了最好的條件，待遇也已經談到了高峰，而且對這間公司未來的展望也很清楚了，這時候她必須做出決定。可是，她卻覺得全身癱軟、無力。她對我說：「我已經把自己能分析的內容都分析完了。可是不知道為什麼，就是沒辦法決定。」那間新創公司說，她可以考慮一個星期。

可拉在我們通話諮詢的時候說：就在此刻，她早上連下床的力氣都沒有。事實上，她還必須暫停健身房的會籍，這幾個月來，肌肉疼痛到無力，甚至好幾次只能躺在床上休息。醫生做了所有檢查，但是都沒有結果。這一天，她痛到沒辦法做早餐。

我一開口就問：「妳對這個決定有什麼感覺？」這個不苟言笑的客戶凡事都要量化後比較數據，始終沒有提過「感受」，這時她終於敞開心房，願意讓自己深思這個決定，讓她體驗到了什麼感受。她知道去新創公司工作表示自己收入將會銳減，但她已經防患未然，多年來做足了財務準備，只是她沒有預期到要離開穩定的收入會這麼焦慮，這份工作已經照顧她十八年，她卻要選擇面對財務風險，短期之內可能會衝擊到她的家庭，僅管長期來說有希望能翻盤。她也無法忽視心中那股強烈的愧疚感，因為她不會將目前所賣的產品用在自己孩子身上。她說最近公司開發了一款產品，她真的不信任，不過她還是打電話給潛在客戶推銷了這個新產品，每次掛上電話都覺得好想吐。

她在試算表中，寫下這些感受之後一切都清楚了。她檢視自己的金錢焦慮感。她可以提醒自己，其實短期內薪水銳減也無妨，自己已經做足了準備，而且對這間新創公司的研究也很徹底、累積了充足的證據，知道這間公司被收購以後，賺到的錢會比現在更多。她明白了自己的財務焦慮感很自然，可能過一陣子就會消退。她一直以為自己會受到重擊，這種假象造成的感受比實際感受強烈多了。

接下來，目前銷售的產品會帶給她罪惡感。她知道這股罪惡感和財務安全感不同，除非她找到一個價值相符的公司，否則這種感覺可能會一直持續下去。她明白其實這股罪惡感已在她心中滋長了很多年。她覺得這些產品既然不該用在自己孩子身上，也沒辦法繼續賣給其他家庭。

這位高階主管精細嚴密地準備了求職談判，分析了所有可以拿到的資料和數據，卻不知道她應該先和自己談判，理解這個決定帶給她的感受。她這時弄清楚自己的感受後就能做決定了：她要去新創公司。身體疼痛幾乎立刻消失。新公司設下了很樂觀的業績目標，一年後，她輕鬆超越。她說自己的成功都是因為在職場很快樂。她很多年沒有這種體會了。

感受是事實

我剛開始研究談判時，我的導師凱若．利布曼（Carol Liebman）就教我：感受是事實。她的意思不是說感受和時間、重量或溫度一樣客觀，而是感受非常真實，感受真的存在，而且在任何談判中都一定要面對和處理感受。感受會形成我們對真相的看法，在每個轉彎處影響自己的決策。

我們無法在談判中避免讓自己產生感受。我曾經讀到一篇文章精準地把人類的情緒比擬為火山。火山有創造力：能建立島嶼，滋養動植物。但火山也有毀滅力。熔岩可以摧毀房產，也能滅絕生物。我們就和火山一樣，無法避免人類情緒爆發。但有了充分的準備，你就可以導引岩漿流入大海，不要灌入村莊，這樣就能擴大火山帶來的利益，減少傷害。

我們常常會想掩埋自己的情緒，或否認情緒的存在，但我一直認為（且研究也支持）掩蓋情緒往往沒有幫助，而且還有很強的殺傷力，面對情緒比較有用。當我們拿著鏡子，映照自己的感受時，就會發生兩件事：首先，原本我們對衝突或重大決定感到很困惑，但當我們撥開迷霧後，就會覺得自己更有理、有序、有力量；其次，我們會找到能幫自己解決問題的資訊。

我會在這章協助你確認在談判中體驗到的感受。在這過程中，我們會討論為什麼情緒是談判的核心，以及判讀情緒可以怎麼幫你更有效溝通。我會幫助你不帶主觀或偏見地傾聽內心的聲音，這樣就能寫下實際的感受，而不是你媽媽認為你應該有的感受。我們會順著你最初的想法發展下去，確定你體會了所有的感受。然後，我會提供一些策略，你將會知道如何在進入窗之卷、和別人面對面溝通的時候，處理你的感受。首先，按照慣例，準備工作從自身做起。

換你照鏡子

現在要由你來照鏡子。請記得，你已經知道自己為什麼會出現在這裡了，很清楚自己的需求。你了解自己要解決什麼問題，也明白在這個處境裡需要什麼。現在，你要來面對自己的感受。就像前幾章一樣，我希望你找到一個空間，能讓你能無拘無束地自由思考。接下來這五分鐘，想想：「**我有什麼感受？**」並寫下答案。

在談判中處理感受

我們在這一章要討論感受，很多人覺得在談判中，要講感受就像講髒話一樣彆扭。有時候大家會覺得在職場或日常生活談判中，要討論感受讓人有點措手不及、無法防備。

會這樣猶豫很合理。很多年來，在談判中，一提到感受，不管是正面或負面，大家都覺得聊感受沒有用、不會談出什麼有用的東西。我們應該不要有感受，或如果有感受的話，應該壓抑下來，就事論事來談判。

但掌握感受是成功談判的關鍵。為什麼感受很重要？有以下兩個重要因素：

1. 感受永遠存在於談判過程中

請記得任何一段由你導航的對話都是談判。不管是在經營你和同事、客戶、主管、配偶、伴侶或孩子的關係，或是上週追撞你的那個傢伙現在要和你說話，你都正在談判。一段關係就是你和另一個人或團體，產生連繫的時刻或時段。既然生而為人，你也可以和自己保持關係。

任何牽涉人類的關係或連繫，不管多麼正式或隨意，都會牽涉到感受。我們經常覺得感受只會影響到所謂的個人生活，就像是家庭關係，但我們往往不夠重視感受在**所有**談判中的存在。（如果有朝一日我們都被電腦取代了，那情況可能不太一樣。）不管你面對哪種問題，不論你在談判桌上是不是代表別人或某個機構，也無論你平常是不是別人眼中很情緒化的人都一樣，如果你的談判牽涉到人（你就是人），那這件事就和人有關，感受就會是其中的一部分。

既然感受是談判的一部分，那麼承認感受、處理感受不是很合理嗎？

2. 感受會直接影響我們的決策和談判中的其他能力

感受在談判中很重要，因為感受可以協助我們做決定，不管是重大決定或小事。腦神經科學家安東尼歐・狄馬吉奧（Antonio Damasio）研究了許多右腦（負責控制情緒）受損但認知功能無損的病患，發現他們無法做決定。他們可以討論根據邏輯應該怎麼做，可是無法決定晚餐要吃什麼。少了決策的能力，我們在談判中就會無所適從。

情緒也會影響創新的能力和創意：心理學研究發現如憐憫或感激等正面的情緒可以提升我們準確判斷情勢的能力，因此能提出有創意的解決方法，進行創新，這些對談判來說都很重要。負面的情緒，特別是恐懼和焦慮（我們晚點在這章會個別來談）則會抑制這幾項能力。肯定我們的感受，並且把感受當作其他數據來對待、放到談判裡考量，可以協助我們連結情緒與行動，發揮最好的效果。

專業談判中，感受的重要性

很多人質疑，在職場上或代表組織、企業、政府進行所謂的專業談判時，會牽涉到感受嗎？如果你想要在商場、外交或各種領域成為談判高手，你就必須理解並處理感受。在NBC環球集團擔任有線電視娛樂節目行政副總裁的安德拉・夏皮洛（Andra

Shapiro）為了要為全世界的觀眾帶來最好的節目，經常要談合約。她的談判對象多是劇作家和製作人，對方製作了原創節目，而她要買下作品或取得授權。

安德拉說，你可能以為談判的重點是錢，確實每場談判都會提到經濟因素，但你或許會覺得很意外，因為情緒經常是談判的中心，尤其是和內容創作者談判的時候。安德拉發現當我們把別人的創作拿來談判，這樣的行為就等同於他們要把**孩子**交到你手上。這非常情緒化，而你必須要尊重、理解，否則就沒辦法在這產業成功簽下任何合約。

同樣地，商業合約會談不成，經常是因為感受沒有經過檢視而產生了爭執，這比例意外地高。有個接受調解訓練的律師跟我分享了他在大型事務所擔任合夥人的經歷。他的客戶是美國保健產業的大企業，當時被更大的外國巨人給併購了。併購的過程很順利，直到兩位執行長在拍板定案前去吃飯。他們在吃飯的時候大吵一架，起因包括了文化差異、酒，和兩人對於合併以後的未來產生的不安全感，導致美國執行長在週五深夜打電話給律師說：「我要你馬上寫一份仲裁訴狀。我們要把這個王八蛋告到屁滾尿流！」

律師聽顧客把話說完。但他知道不太可能告得成，而且代價很高，所以他回想起調解的訓練，發現了情緒在從中作梗；所以他那個週末一邊寫訴狀，一邊和客戶談話、提出問題：「好，那跟我講講那天晚餐的過程吧……」（你在「窗之卷」會看到這個問題。）最後，這位律師協助了他的客戶找到了情緒的空間，用另一個觀點回顧那天晚餐的過程。這位執行長最後決定不要仲裁了，他把所有的精力都用來帶領合併的公司成功。

照鏡子：考慮你的感受有哪些好處？

最能在談判中做好情緒準備，且面對情緒的最佳方式就是辨認自己的情緒。考量自己的感受有很多好處。

首先，這麼做你會擁有重要的資料，可以用在談判中。驅動談判的不只是我們的需求、對於某件事情的信念，還有對這件事情有多麼強烈的感受。當你知道自己對這件事情的感受，就能理解在談判中自己會多重視這件事。花點時間觀察你的感受，看看它們傳遞了什麼訊息，這樣你就會知道怎麼利用「窗之卷」來和別人對話。

第二，認知到自己的感受或許可以協助你打造出更好的解決方案。有個神奇的後續問題可以協助你把感受化為以未來為重的想法。如果你感受到了負面情緒，我希望你問自己：有什麼可以幫我在這個處境中消除或減少『**這種感覺**』？」舉例來說，如果你是位醫生，發現自己必須要照顧醫院裡一定比例的病患，這讓你感覺到很挫折，我想要請你自問：「有什麼可以幫我在這個處境中，消除或減少挫折感？」這樣一來，你可以運用自己的感受而產生具體的想法，知道怎麼往前進。

最後，認知並私下表達你的感受，可以協助自己減少在談判中失控地表達。研究顯示如果我們壓抑情緒，那麼它可能會在某個時刻反彈，抑制了我們決策的能力，或影響我們面對決定的態度。你不能避免情緒火山爆發，但認知自己的情緒，並做好在談判中面對情緒的準備，可以協助你駕馭情緒的力量，達成很好的結果。

考慮到自己的情緒可以讓你鬆一口氣，也能創造出好結果

史蒂芬在美國大型法律事務所擔任資深合夥人。他在自己的執業領域已經站穩腳步、擦亮招牌，也接近退休了，這時事務所請他承擔更多責任，負責召募新血，並輔導他們往合夥人的方向前進。八年前，他帶了一個年輕的不動產律師入行。克雷格資質優秀，將來絕對能為事務所貢獻不少。史蒂芬輔導克雷格成為初級合夥人，讓他能發揮專長，也在他需要改進的領域提供建言。不過，史蒂芬發現克雷格儘管很會招攬新客戶，

但有時候動作太快，省略了文書作業和完整的程序。有一天，史蒂芬接到一通棘手的電話；事務所當家的管理合夥人說，克雷格帶了一個新客戶進來，他有個不動產的問題，需要上法院。事務所的政策明白規定所有訴狀都必須由（一）資深權益合夥人和（二）訴訟部門具名、檢閱。克雷格並非訴訟律師，也不是資深權益合夥人。他明知有這項規定，但還是自己遞了訴狀。

史蒂芬檢閱了訴狀後發現克雷格做得很好，但如果他先請教自己或訴訟部門，狀子就能更完整。管理階層很憤怒，他們看到的是克雷格刻意蔑視事務所規範。史蒂芬拿出「鏡之卷」的問題，開始自問自答一遍。他知道克雷格需要什麼：確保他從此以後遵守事務所的規定，也要把克雷格留在所裡，繼續鼓勵他開發客戶。史蒂芬也需要維護他們良好的工作關係。最後，史蒂芬身為訴訟律師，有責任確保客戶在法庭裡達成最好的結果。

當他面對「我有什麼感受？」的問題時，思緒就變得很有趣了。他列出幾個很明顯、強烈的情緒：

．焦慮於展開這場對話

・害怕克雷格和管理階層的關係惡化
・克雷格不守規矩讓他很心煩
・這件事情如果解決了會鬆一口氣

不過，他又想了一想，然後多寫了幾點：

・同理克雷格
・關於事務所的規定，他覺得有些矛盾

這一切讓史蒂芬感到很驚訝。寫下自己的感受之後，他明白了兩件事。首先，他發現自己可以理解克雷格在這裡怎麼了。史蒂芬和克雷格一樣都很擅長和新客戶建立關係，迅速解決他們的問題。他在克雷格身上看見了自己，而且在內心深處，他感受到克雷格就是很想幫忙，並無意傷害這間事務所。他把這些都寫下來，這樣和克雷格對談的時候就能提起。

第二，史蒂芬發現他不確定事務所的這條規範合不合理。他知道要徹底解決這個問題，他必須雙管齊下：既要針對克雷格下手，也要對管理階層施力，看他們能不能在這條規矩上多點彈性，或願不願意透過腦力激盪的方式來幫助其他初級合夥人。

有時候我們會擔心如果從鏡子裡去看自我感受，可能會讓處境更糟糕。但其實史蒂芬花了幾分鐘想想自己之後，非但沒有傷害協商談判，還讓他能體諒克雷格，而找出真正要解決的問題，並找出了往前進的方法。如果你和史蒂芬一樣靜下心想想這個問題，或許也會有一樣的體會。

找出樂趣

最後，關於看著鏡子觀察自己的感受，我還要提醒一下。有時候，很多人覺得在談判過程中，要考慮別人的感受有點恐懼，就好像是被我問到「你有什麼不愉快的感受？」一樣。他們都會把腦袋中出現的負面感受寫下來。所以我會接著問：你有沒有把腦中想到的正面感受寫下來？如果還沒，現在寫吧。我想要提醒你，好好面對每場談判、協商帶給你的正面感受。往往，我們任由負面情緒主宰談判，但其實在這些情緒之下，也有一些真的很正面的感受。沒錯，你想到要向客戶提案就覺得很緊張，得和伴侶對話也感覺有點不安，但你將要展開職業的下一階段，難道不覺得有些興奮嗎？還沒有把話說開之前，就好像天竺鼠在情緒滾輪上，跑個不停卻原地踏步，現在終於能把話說開了，你不會覺得鬆口氣嗎？我最近對著滿室的企業主管提出這個問題。其中一人在和員工談財務，他寫下「員工對數字不切實際，讓我很挫折」，但「加強我的談判技巧讓我很雀躍」。「找到樂趣」（或喜悅、驕傲、興奮、勝利感）能幫我們完整地想清楚自己對於這場談判的感受，並且鼓起精神去面對。

接下來：運用感受去探索議題

我們已經解釋了為什麼在任何談判中都要考慮到感受，也練習過這個問題了。接下來，我們要來處理在思考感受時可能會碰到的一些問題。先來看看幾個常見的阻礙，然後我會教你怎麼克服。

1.「我穿上西裝就沒有感受了」

當你問自己有什麼感受的時候，是身處一個能讓自己誠實回答的空間嗎？我第一次在聯合國提出這些問題的時候，沒料到許多外交官，而且是不分性別，都在我問這個問題的**瞬間**落淚，而完全無法動筆寫下任何字句。其中一人說：「我不習慣在穿著西裝的時候，問自己有什麼感受。我在職場只允許自己擁有特定的感受，而現在體會到的並不屬於『穿著西裝時能有的感受』。」

我漸漸理解很多人真的很需要聊聊情緒，可是又不給自己這些機會。我們會封閉自己的感受，尤其在職場。不管你穿著西裝、套裝、制服或短褲去上班，如果上班時問自己有什麼感受、卻覺得很難回答時，那就換個場所去探索一下你卸下盔甲以後的感覺吧。

2.「**我不知道。我卡住了。**」

如果你卡住了，根本沒辦法搞清楚自己有什麼感受呢？或許你問過自己這個問題，結果腦中一片空白。我們都有能力去思考自己的情緒，但這不代表就能輕鬆地分辨情緒或表達。我們很習慣壓抑或直接被情緒淹沒，有時候要分辨自己到底在經歷什麼情緒很困難。我在這裡列出了幾個可以幫助你解套、辨識情緒的策略。

常見的人類情緒

如果你在確認自己有什麼感受的過程中卡住了，請看看下方的清單。人類可以體會到許多種綜合的情緒——遠比我們能列出來的更多——布芮尼．布朗博士（Dr Brené Brown）和其他心理學專家將最核心的情緒加以分類，我們就可以在日常生活中拿來自我檢視。這裡列出了談判協商過程中常出現的情緒，有些是心理學專家列的，有些是我從自己輔導數千人談判的經驗中挑選出來的：

欣賞、欽佩、憤怒、焦慮、感激、歸屬、背叛、歸咎、冷靜、憐憫、困惑、輕視、好奇、渴望、失望、噁心、困窘、同理、興奮、恐懼、挫折、悲痛、愧疚、幸福、震驚、丟臉、受傷、嫉妒、喜悅、批評、孤單、驕傲、拒絕、寬心、難過、滿意、遺憾、壓力、驚訝、同情、勝利、脆弱、煩惱

你看完了這份清單之後，可以自由增減。

要了解感受，回頭去看你的需求

如果你對於自己的情緒還是一片空白，那就回去看看需求。通常需求和感受就像硬幣的兩面。翻回第二章，再看看你所挖掘出來的有形與無形需求。往往，大家覺得很

衝突的感受都是和那些需求相左的地方。如果你想要更好的工作待遇，可能是覺得不安全、不受重視，甚至是因為你的價值感沒有得到足夠的報酬因而感覺失落。假若你想要在感情中被對方珍惜，可能是感受到了難過、生氣或不被當一回事。如果你很急著想要增加新客戶，那可能是覺得自己有點受阻或落後。

分辨「最糟糕的感受」：回擊自我審查的心態

有時候當我問別人有什麼感受的時候，他們會體驗到自己想要藏起來、甚至不希望去體會的感受。如果你腦中一片空白，那就問問自己：「我現在最糟糕的感受會是什麼？」我很喜歡這個附加問題，因為很多時候我們壓抑感受是為了要避免丟臉或自我批判。我們不想要去感覺它們。我們想要其他的感覺，所以切割了這種感受。只不過，壓抑或否認這些感覺也不會讓它們消失。照亮「最糟糕的」感受（我之所以加上引號是因為感受**就是**感受，其實不分好壞），即便它們很不吸引人，也會降低對我們的影響，減輕我們的情緒負擔。當我們拿起鏡子去映照這些感受的時候，就能站在更明確的位置向前進。

最常被隱藏起來的兩大情緒

說到我們「最糟糕」的感受，我想和你分享這兩種常見的感受，大家經常都會體會到，可是在衝突中都不願意表現出來。我實在太常觀察到這兩種情緒，都數不清楚次數了。我們會努力地壓抑，可是沒有用，這些感受**總**是會反擊，就像怪獸到了動作片的最後絕對會反撲。它們是哪兩種感受？

愧疚和恐懼。

愧疚和恐懼被我封為人類最想避免的兩大情緒，而這兩種情緒對於談判協商和人際關係的殺傷力遠勝過其他情緒。我一直想起甘迺迪的名言：「我們絕對不要因為害怕而談判，也千萬不要害怕談判。」如果有人在談判、協商、討論的過程中，顯得很難搞，經常是因為他們有這兩種情緒。

去年，我巡迴並提供全美教育部民權辦公室各分處訓練，這些分處會處理家長對學區提出的訴訟，其主題多半和孩子的教育有關——往往情緒都很強烈。當我在其中一個分處，詢問民權調查員，辨識他們認為家長對學區通常都有哪一種情緒時，他們寫了一個很短的清單：憤怒、氣憤、不信任。我再問他們：「如果我說，我認為大部分坐在你面前的家長也感受到了恐懼或愧疚呢？」

所有的人都張大的眼睛，同時發出「喔喔喔喔喔」的聲音。有個學員說：

> 這解釋很合理。我猜所有的家長都覺得很愧疚。沒錯，學區可能做得不夠好，但難道我不能為孩子做得更好嗎？為什麼我不能在我們走向訴訟之前，就解決問題呢？至於恐懼……或許是情緒的第一名。家長都很怕我們處理案件的方式會搞垮孩子的未來。所以他們才會當機，無法談判。現在，我坐在這裡，我想我看到的很多憤怒其實來自家長的愧疚與恐懼。如果我們去談一談，或許他們的怒氣就消散了。

我父親是律師，我非常敬重他，成長過程不斷追尋他的肯定。他很好勝，嗓門也很大，他的同事曾對我說，我父親是他見過最好戰的信託與遺產律師。我還明確地記得五歲的時候，就問我爸律師在做什麼，而他說：「很多人來聽爸爸給建議。我會讓他們知道，我覺得他們該怎麼做，然後他們就付我錢。」我認為這聽起來就是全世界最棒的工作（難怪我二十年後進了法學院）。

我一直很渴望父女關係能更緊密，希望彼此能更常談心，或更深入地討論我們在乎的事。但我爸從來就不是那種會掏心掏肺的人；他會假借工作打給我，然後很尷尬地切換到生活的主題，像是：「嗯，最近有沒有新鮮事？」我們藉著法律的熱情交心。我從法律系畢業的時候得了大獎，當校方念到我的名字時，他那耀眼的神情，對我而且比獎項更有價值。

三年前，我父親才七十歲就病了。他瞬間從有點冷淡、麻木，變成完全忘記我名字的狀態，有時會送出寫成亂碼的電子郵件給我。我哥哥和我都很擔心他會中風，我打電話到哥倫比亞醫院的神經科，帶父親去做記憶力檢查。他全部都答錯了。醫生說我們得面對這個無藥可醫的退化性疾病。我哥哥和我協調了回診和檢查的日期，共同面對這讓人手足無措的消息。

我叔叔比爾是我爸這輩子最要好的朋友，是他的知己、啦啦隊，也是唯一的兄弟，而對我來說比爾就像我的第二個父親。從青少年時期，我就經常打電話給叔叔和嬸嬸，當我遇到困難的處境時，就會尋求他們的支持和智慧。這一次，我叔叔和我們一起面對父親的診療結果，我不想要把自己的負擔轉移給他，讓情況更棘手。叔叔也一樣不希望自己的痛苦造成我的負擔，所以有很長的一段時間，我覺得我們比過去更少討論到如何面對我父親的情況。問題是我開始跟自己說，這個短暫的空白表示他不滿意我替父親安排療程的方式。而這讓我更畏懼了。我有資格嗎？我能處理得更好嗎？最後，在家庭聚會時，我們一起面對著父親當時憔悴、衰弱的容貌，叔叔不假思索地提了一個很無害的問題，他想知道我父親的藥物需不需要調整，來改善他的症狀。我說我哥哥和我已經在處理了，我們知道自己在做什麼，也諮詢過最厲害的醫生了。我說我父親會死於這個病症，沒有藥物能醫，然後我就離席了。

那整個晚上我一直很難受。各種情緒在我體內攪成一團，這讓我非常困惑。我花了一點時間，問自己有什麼感受。我發現的第一個感受就是恐懼。我一直想要投射出信心，安排會議並提出所有正確的問題，但是在我內心深處，我不敢安排父親的醫療計畫。很多時候，我又覺得自己像個小孩，很怕做出重大決定，而且現在也沒辦法諮詢爸爸或叔叔了。第二，我感受到愧疚，覺得自己沒辦法為父親做更多，讓他少受點苦。我還覺得自己對親愛的家人那樣講話很糟糕。我知道他們也會害怕、悲傷，就和我一樣。這股恐懼和愧疚讓我的防備心變得很重；我極度需要叔叔和嬸嬸的認同與肯定，但卻用最惡劣的方式來爭取。稍晚我嬸嬸來找我聊，我為此感激她一輩子。我們坐在階梯上，她說：「妳知道……這些事妳叔叔和我以前從沒經歷過，我們不曾放手讓年輕人去處理，所以覺得有點失落，但我們的用意是好的。」

我說：「謝謝。妳知道，我也從來沒有處理過這種事情，我一樣覺得很失落。我心裡很慌。我爸再也不能告訴我，他覺得我做得好不好了，所以我真的很需要聽到你們信任、支持我。」

她要我放心：「我們當然信任妳。妳和哥哥為你們的爸爸做得很好。我們問起他服的藥，不是要質疑妳。我們此後能不能相信對方都是好意？」

我同意了。「當然。我剛剛反應過度了，我很努力地嘗試控制自己無法控制的情況。我們重新開始吧。」

當我正面迎戰我的感受，並誠實地和嬸嬸分享時，兩人都能認同與重視彼此內心深處的恐懼。我們把棘手的家庭衝突轉變為機會，彼此因而更親近了。現在，我的叔叔和嬸嬸在我遭遇困難時給我支持。我父親的醫生前一陣子才說，他很少遇到這麼和諧的家庭。我父親的狀況惡化時，每個人都很悲傷，但我們在彼此身上找到了安慰。

最後一步：在談判、協商中表達你的情緒

你已經開始處理、消化自己的感受，好準備談判了。下一個該問的問題通常是：「我和對方坐下來的時候，要表現出情緒嗎？」

我的大原則是：我相信談判中愈透明愈好。清楚的溝通可以幫你創造更多價值。表達正面的情緒，如慈悲、雀躍或驕傲，可以協助你和對方建立連結，增加他們願意幫助你完成目標的機會，也讓對方完成自己的目標。那負面的情緒呢？我們來談談兩個最多人問起的情緒：憤怒與焦慮。

◆憤怒

憤怒在談判和人生中其來有自。很多人，尤其是某些文化裡的人或女性都以為自己不應該感覺到或表達出憤怒，儘管認知或散發怒意可以讓很多人得到力量。

你在談判、協商中，要怎麼處理怒意？如果你在談判過程中感受到憤怒，研究顯示這表示你沒辦法想出一個有創意的解法而締造雙贏的結果。你可能也無法精確地評估對方的需求（我們會在第六章討論）。

先清楚自己的怒意，這能協助你在和別人坐下來談判的時候，能夠清楚、有方向

地溝通。

最終，要不要在談判協商的過程中表現出怒意，這是你的決定。在談判中展現怒意可能會有不同的結果。如果你比對手有權力，他們可能會在短期內因為你的怒意而讓步。但研究發現長期來說，對方可能比較不願意和你做生意、打交道。如果對手比較有權力，表現憤怒可能會讓衝突升高，陷入談判僵局。

有些時候，你感覺到憤怒，卻不想表現出來，那麼展現出失望這種比較溫和的情緒可以比較有機會去溝通那些讓你不滿意的事情，降低對方的反應，並且增加自己達成目標的機會。

◆焦慮

談判中另一個不好表達的情緒就是焦慮。在談判中，焦慮可能會迫使一些人接受不好的建議、輕言放棄或忽視自己的需求。如果你之前在本章練習分辨感受的時候，寫下了焦慮，那麼就應該要好好讓自己面對焦慮，而不是在談判桌上大聲說出來。（除非你在和親近的人談判協商，像是家人或伴侶，而你們的目標是要讓溝通更透明、緊密。）

面對焦慮的時候，務必想清楚焦慮是來自談判的主題（例如，你的薪水和部門裡其他同仁的差異，還有未來在公司裡的展望），還是來自談判本身（例如請主管加薪的過程）。

不管是哪一種，先肯定那股焦慮感的存在，因為當你先想清楚，就能從中得到好處。如果你對衝突的主題感到焦慮，那可以在談判前就先回答這些問題，這樣你就會獲得更多資訊，便會覺得自己在面對談判時，做足了準備。如果你對談判的流程感到焦慮，那預先面對、處理這股焦慮就能幫你。體會你的情緒並回答其他「鏡之卷」的問題，極有助於緩和你的談判焦慮。談判協商向來會牽涉到我們無法控制的事物，但也有很多是我們能控制的——問自己正確的問題，你就能掌握自己能影響的部分。

最後一個面對焦慮的方法就是提早進行「鏡之卷」的問答，並想像對方可能會有什麼回應。把這些答案寫下來，擬出策略讓你可以提出這些問題，然後讓談判往前進。

小結

你已經照了鏡子，正面迎向你的感受，而且沒有被打敗。在我們結束這章之前，請你花一點時間，閱讀你寫下的所有內容，用幾個重點或主題來總結。

接下來，我們會提出另一個問題，協助你產生很棒的想法，來解決問題，而且讓你在這過程中都很愉快。

第四章　我以前是怎麼成功處理這種問題的？

就算是聰明、成功的人，在職場上開口要更多錢也會不安、擔心。

安德魯三年前大學畢業，擁有企管學士學位，直接到金融機構上班。面對第一次的升遷、談加薪，他需要我協助談判。他一進這間公司，不但認真從基層做起，還協助建立了一個良好的工作環境，召募大學同學來當同事、互相交流意見，並且進入了員工福委會。

安德魯告訴我，他剛加入這間公司擔任基層員工的時候，薪資是固定的，表示不管誰進來負責基層業務，薪水都一樣。你還是可以針對工作內容，和職場前輩去談判、協調，但薪水的金額不會動。他確實努力工作，表現也有目共睹。

不過三年下來，安德魯想要晉升為經理。他去年就符合資格了，可是沒有主動爭取，所以沒有被提拔。他是移民第二代，從小就相信生活中的一切都必須自己爭取，沒有任何驚喜會從天而降，認真投入才會有最好的結果。不過這時候，他發現想要成功不只需要認真投入。因為快接近年度考核了，安德魯希望利用這機會說明自己值得提拔，也有資格加薪。他約略曉得經理的薪水會比現在多一五至二五%，不過能不能升遷、加薪要看他怎麼為自己造勢。今年，他想擬定策略，開口要更多。

我們定義出安德魯主要的目標：他想要談到接近二五%的漲幅。但他要的不只是錢，也希望讓管理階層知道自己具備了所有未來在這間企業擔任領袖的特質與能力。他也期待能帶著信心為自己談判，不只是充滿自信地替公司和客戶談判而已。他的需求包括了讓公司肯定自己的表現，包括業績和他為環境的付出；他想要知道自己朝著資深合夥人的方向前進，或許未來可以擔任企業管理高層；他也需要累積更多經驗，成功地為自己談判。

我們也仔細衡量過安德魯的感受：一方面來說，他很期待能開始積極規畫自己的職業；另一方面，他對於累積財富有很複雜的感受。當時，他賺的錢足夠養活自己，也能分攤父母的財務。他要代表公司出去談判沒問題，可是當他要為自己爭取更多時卻覺得有點罪惡感。他知道就是因為這種衝突的感受，所以即使去年自己已經符合了資格，卻沒有爭取升遷和加薪的機會。

我問他以前是怎麼成功談判的。他望著我說：「這是我第一次啊！大學的時候，我在大公司實習，但是都沒有領薪水。現在到了這裡，在金融業工作，我做得很好，可是從來沒有為自己的薪資談判過，所以我沒有以前的成功經驗可以參考。」

我回顧自己的筆記，說：「好，我們來看看你的談判手段有哪些不同的元素，並且一一拆解。你認為這次要能成功談判，需要怎麼做？」

他想了一分鐘，回答：「嗯，我需要有理有據，這表示我必須要從所有不同的面向檢視自己的表現，然後用最理想的方式表達出來。我也應該要建立論點，讓公司可以清楚地知道我升遷和加薪之後，對公司有什麼好處。根據我的經驗，這種溝通方式對管理高層最有效，這也符合我的價值。我也應該要多花點時間，單獨和主要決策者聊一聊，他們可以在決定升遷人選的時候，替我拉票。讓他們參與我的計畫，給他們說帖，這樣他們就能幫我說話。最後……我需要替自己做好心理建設；我要真的相信自己值得，這樣才能說服其他人。」

我總結成：「這次要成功，聽起來你需要（一）做足研究，建立充分的理由；（二）講出雙贏、互惠的理由；（三）讓主要決策者加入你的計畫；（四）為自己做心理建設，相信你要追求的結果合情合理，不只是出於欲望而已。我們來回顧過去，想想你是否具有成功運用這些元素來談判的經驗。你之前說過在這間公司的資歷讓你相信雙贏、互惠的說法最容易成功。這能不能提供一些線索，讓我們從這裡開始？」

安德魯思索了一會兒，他說自己一進這間公司，就想要建立一套給初階員工的訓練計畫，當時這觀念很獨特、新穎，其他競爭的企業都還沒有。經過他的努力，公司展開了一系列的講座來輔導初階員工，給他們領導、談判和其他可以自我發展的技巧。這個專案非常成功，不過事前他也花了不少心思去遊說管理高層。安德魯必須解釋這個計畫可以吸引、留住人才，這樣對公司來說，就會有長期的公關與財務效果，因為這樣員工才能更開心、離職率更低。他必須讓公司了解，這個計畫可以讓初階員工（包括他自己）和管理高層都受惠。

安德魯說他這次用這個方法會有點猶豫是因為：「當時我不是只為自己爭取，所以可以輕鬆做好心理準備……可是這一次，我必須替自己爭取才能獲得升遷的機會。這個就業市場很競爭，很多人都想進這間公司。我並不是要求薪水增加到某個金額，我想要的是升遷，而且還想進特定的部門，那個部門本來就很少開缺。我相信自己很適合那個職位，我也能貢獻專長，我的表現有目共睹。或許這次談判也沒那麼不同。」

安德魯回顧了之前談判的成功經驗後，他結束對話時，腦中有很具體的想法，知道自己要怎麼面對這場談判。六個月後，他成了部門經理，有兩位直屬上司，薪水增加了一八％。不過安德魯的收穫不僅於此。他在升遷過程中，有機會單獨和管理高層談話，提及自己希望最終能爬到高階管理職。一年後，他進入了企業管理委員會，初階經理在委員會中只有兩個席次，這象徵了管理高層對他的領導能力有信心。他正在軌道上，逐漸實現目標。

「我以前是怎麼成功處理這種問題的？」

我希望你在這一章挖掘自己的過去，想想以往面對過類似挑戰的經驗，而能從中得到參考。我會協助你回到那種成功心態，這樣你就能汲取內在的智慧，發展更多想法，便能在未來的談判、協商中，穩健前行。想想過去成功的經驗可以讓你在談判時有更多信心。如果，你和安德魯一樣沒辦法回想出過去類似情境的成功經驗，我會協助你利用其他的成功經驗，來面對目前的談判。我知道我們可以聯手一起發現，你以前的成功經歷和現在的情境很相似，或許只是你還不知道而已。看完這一章，你會更清楚自己的處境，做足準備奔向未來。

回想過去的成功經驗

當我請大家回想過去的成功經驗時，常常有機會可以看著他們在我面前蛻變。他們會從原本很不安、憂慮、失落的模樣，轉變為充滿信心、思路分明，甚至很想要馬上開始談判。當你問自己過去有哪些成功的經驗，就是在準備好迎接「鏡之卷」的最後一道問題，也是在協助你準備好和別人一起上談判桌。

「我以前是怎麼成功處理這種問題的？」這個問題有創造變化的力量。首先，這個問句會把談判放入脈絡中。當我們在經歷難關的時候——或許是艱困的談判、被潛在客戶拒絕了、感情衝突，或者是生意談不成、過去從沒嘗試過的挑戰——都會被現狀卡住，以至於忘記過去有很多成功的經驗。第二，就像安德魯的例子，這個問題會讓我們把專注力集中於對我們較有利的溝通方式、環境、技巧，這樣就能蒐集到充分的資料，可以用在這次談判中。最後，也是最重要的一點——不管是經驗或研究都證實，當我們想著過去成功的經驗時，就更可能在下一次談判時達成比較好的結果。這是一種強效的正面定錨作用。我們聯手就能協助你運用經驗來獲得優勢，以最棒的方式朝未來奔去。我們來一一探究這些原因。

◆為談判建立脈絡

有時候，就像上述的故事一樣，我們談判的時候，總會經歷負面情緒——或許是對話不太愉快，也可能是你知道這場對話會很難進行，或許是尚未體驗過相關經驗，所以很焦慮。如果你的談判牽扯到一段長期的關係，不管是職場、家庭，或者你和自己的關係，那更容易有負面情緒。

如果你目前要進行的談判牽涉了生活中長期存在的人或事，而你在第三章發現了和這場談判相關的負面情緒，這個問題可以幫你很多。如果你今天和一個認識很久的人起衝突，通常你會讓這衝突占據許多腦容量（當然我相信你有你的理由！）以至於會忘記自己曾面對過類似的談判協商——可能還不只一次——而且都處理得很好。

我們來看看潔米拉醫師的處境。班已經給她看診看很久了，班有糖尿病，而潔米拉沒辦法說服他好好吃藥。潔米拉很在乎班，甚至在他身上看到了自己的影子（他們兩人都是音樂家），她看著班因為不好好照顧自己而導致身體惡化，覺得愈來愈受挫。潔米拉上次看診完之後，覺得自己精力被掏空了，而且很生氣。她知道自己表現出這麼強烈的挫折感不好，需要冷靜下來，想想別的方法。

潔米拉花點時間回想過去成功和病患合作的經驗，她發現其實成果豐碩。例如，班剛開始向潔米拉求診的時候，飲食習慣非常差。潔米拉花了些時間和班溝通，問他一些生活上的問題，也想知道有哪些事情會讓他開心。最重要的是，潔米拉讓班很放心地知道自己可以自我管理、控制這些改變。班因此同意去看營養師，整體來說，他現在的飲食比剛求診的時候好多了。他也瘦了一些。潔米拉知道她和這位長期病患間的溝通、協商並非一敗塗地，或許只是服藥的問題特別嚴重而已。

當你的談判對手和你並沒有長期的關係，而你又覺得談判很難進行的時候，只利用過去成功的經驗為談判建立脈絡也可以締造奇蹟。伊利亞是廣告公司的主管，前一陣子談判失敗。他去談一個非常想要的工作，試圖和那間公司的高層談薪資和職責。有些條件伊利亞覺得沒得妥協，但那間公司拒絕了。最後，反覆廝殺的結果讓雙方感覺都很差，都認為伊利亞不會接下這份工作。

這件事情的發展和結果讓伊利亞很洩氣。他一下覺得對方的態度讓他很憤怒，一會兒又懷疑自己的做法是不是錯了。他既挫折又傷心，好一陣子都沒有繼續找工作了。但是當伊利亞逼自己回想過去在找工作、談待遇的成功經驗時，發現自己在職業生涯中，成功地談了十幾個工作——有些他接受了；有些很喜歡，但最後做了其他的選擇。當他為近期的「失敗」建立脈絡時，就很清楚一場不順利的經歷不能定義他作為談判人員的價值，或是他在就業市場裡的價值。於是他又開始找工作了。

或許你和潔米拉、伊利亞一樣，在回想過去的成功經驗並建立脈絡的時候，就能感覺到負面感受漸漸消融。當我們花時間提醒自己過去的成功事例時，就能降低腦中的雜音，讓自己能看見這場談判只是人生很多場談判裡的其中之一。

◆用過去的成功經驗來產生資料

這個問題除了可以建立脈絡，還能為你產生資料，協助你回顧過去成功的策略，或許這次也能奏效。我在本章一開始就提到了安德魯的故事，他回想過去成功的經驗，產生了很有用的行動方案清單，他因此用來談薪水價碼。我們討論完之後，他擬了一個行動計畫，包含研究、立論、會晤主要決策者，並且為自己打氣。

我看過很多人在不同的情境裡用這招都很有效。

史密斯是羅莎的承包商，替她處理裝潢工程，而羅莎擁有自己的土地和事業。他們愉快地合作了很多年，整修羅莎的許多間公寓，兩個人都賺到錢，但最後一次改裝廚房的時候，卻發生了違約的情況。史密斯沒拿到錢，廚房沒改裝完，而且兩人心情都很差。最後，他們想談判的內容，包括了到底要付多少工程款、以後還要不要合作。身為他們的調解人，我問他們以前怎麼成功處理這種狀況。其實許多重要的事情都發生在瞬間。

首先，他們想起了這幾年來一起完成了許多專案，一點糾紛都沒有。這讓他們為目前的紛爭建立了脈絡，並且協助將注意力集中於過去非常良好的關係。第二，他們能診斷出過去有哪些做法對自己很有效——把合約寫清楚、一起挑家電——但最後一次共事的時候，他們都沒有這麼做，因為工程特別倉促。他們專注於過去成功的經驗後，重拾了兩人之間友好的感受，因此也知道未來可以怎麼做。他們決定要繼續共事，而且每次都要把合約白紙黑字寫清楚。他們定下未來的溝通方針，清楚裝修工程的設計決策要怎麼進行。

布萊德的女兒哈波大約十幾歲，她經歷了嚴重焦慮感，在家經常爆發爭執。布萊德說，每次「爆發」的時間點通常是在哈波要上學前。這種情況已經影響到全家了，包括布萊德的配偶和另外兩個小孩，最近逼得連布萊德自己也開始大吼大叫，讓他自覺很糟糕。布萊德已經急切地開始和哈波討論，可是覺得自己沒有能力改善現況。

當我請布萊德回想過去的成功經驗時，他花了幾分鐘才能夠靜下心、搜尋回憶。

不過，他一冷靜下來就找到了：幾年前，哈波學認字、念書的時候，也碰到了困難。她因此信心低落，每個晚上都為了功課和布萊德吵架。他們有過幾次「高分貝」的爭執，吵完兩人都落淚收場。最後，布萊德協助她克服了障礙。

他怎麼辦到的？布萊德回顧過去，發現他做了幾件事。第一，他替哈波找了一個年輕的閱讀家教，哈波很尊敬這位家教老師，因為兩人關係很好，所以哈波就有動力閱讀了。第二，布萊德刻意在閱讀時間之外，多花點時間和哈波獨處，做一些兩人都很喜歡的活動，像是參觀兒童博物館或出去吃冰淇淋。布萊德認為這幫助他們建立父女關係，度過了哈波的閱讀障礙期。

布萊德擁有這項資訊之後，決定去找一位年輕、親切的治療師，或許治療師可以和哈波交心，協助她面對焦慮。他也承諾每週要多花幾個小時和哈波用比較沒有壓力的方式相處，做些兩人都喜歡的事，加強兩人的連結。他開始對自己的能力比較樂觀了，相信他能幫助哈波，也能幫助自己度過這次難關。

在這兩個情境中，我們知道能透過回顧過去的成功經驗，來幫助當事人產生具體的想法去面對艱困的溝通與談判，讓他們能克服障礙，持續成功。如果你也有類似的狀況，不妨花點時間，試試看過去的成功經驗是否能幫你在這次談判中獲得新的想法。

◆替自己做足準備，在談判中發揮創意、締造成功

在擬定談判策略的過程中，思考過去的成功經驗還有另一個強大的好處。當你想著過去的成功經驗，心情就會好一點。當你心情好了，就有可能在下一場談判中表現得更好。提出這個問題最主要的原因是，除了能為你的處境建立脈絡並產生有用的想法之外，這個問題還會帶給你力量、幸福感、成就感，對你在處理的問題帶來正面的影響。

我們看完第三章和許多研究之後就知道把注意力集中在正面的事件上，可以增加在談判中的創意與應變能力。哥倫比亞大學有一項研究發現，從企管研究所畢業的學生，如果在參加求職模擬面試之前，先把過去感受到能賦予能量的個人經驗寫下來，他們求職成功的機率會大幅增加：一般成功率是四七%，而他們的錄取率是六八%。另外一組人寫下以往感受到自己力量很渺小的經驗，錄取率則降低到二六%。

在另一份更近期的研究中，哈佛商學院的研究人員發現，正面情緒與創造力之間的緊密連結，在談判過程中相當有助益，尤其是在談判各方感覺受阻、受挫的時候。研究員泰瑞莎・艾默伯（Teresa Amabile）與史帝夫・克拉瑪（Steven Kramer）在他們後來出版的書籍《進展法則》（*The Progress Principle*）中指出，這可以讓人強化自我。《哈佛商業評論》則表示：「正向的感受可以增加創意，進而在團隊或組織中帶來正向

的感受。若談判中碰到了僵局，創意格外重要。」

在準備下一場談判時，談判的過程會讓我們感覺很焦慮或無力，更何況我們一定很在乎談判的主題。讓過去成功的談判經驗為我們創造正面的感受可能正是我們需要的力量，讓我們能帶著正面的情緒向前，獲得創意與決策力，成功談妥下一場談判。

回想過去成功經驗的祕訣

我們現在知道了，回想過去的成功經驗可以為你帶來哪些好處。當你要回答這個問題的時候，我可以提供一個祕訣。這很重要，所以別跳過這一段！當你回想「我過去是怎麼成功處理這種問題？」的時候，我希望你在寫下答案之前，先做一件事。請閉上眼睛，盡可能鉅細靡遺地回想當時勝利、光榮的畫面。你可以在腦海中播放激昂的電影配樂（或大聲播出來！）。你有什麼感覺？聽到了什麼？嚐到了什麼？你呈現什麼姿勢？你在哪裡？你的穿著又是什麼？播放出你在提案、而客戶點頭如搗蒜的畫面。感受一下你的配偶說「我懂」的時候，你肩膀一鬆的感覺。感受一下談成生意後，握手的快樂，或者錢入帳的感覺。

我也希望你回想起光榮時刻前的那段時間。想像你在準備的畫面。你有哪些想法？握有什麼任務？存在何種情緒之中？這都是資料——記得所有成就你過去成功經驗的元素可以幫你做足準備、複製成功。記得，當你回想過去的成功經驗時，就有可能在下次談判時，表現得更好。你愈常回想當時的畫面，就愈能把自己放回當時的心境，締造下一個輝煌的結果。

換你照鏡子

現在換你了。請記得，你已經寫下了自己的需求，知道自己為什麼會來到這裡。你也清楚自己的感受，有些很正面，有些較負面。而你現在要回顧過去的成功經驗。就像你在其他章節的練習一樣，請你找個合適的空間，讓自己能自由地思考、書寫，並且好好想想這個問題：**我過去是怎麼成功處理這種問題的？**

接下來的五分鐘內，寫愈多愈好。

排除困難

現在來看看你在回想過去的成功經驗時，可能會碰到哪些狀況。

1.**「我沒有類似的成功經驗。」**

好，如果你想不起來類似的成功經驗，怎麼辦？就像安德魯剛開始一樣，你也可以把談判拆成好幾個部分，來想想要用哪些步驟來面對現在的處境？你若想要成功，需要什麼？（通常動詞比較有效，像是：做研究、寫出有力的論點、做好心理準備等等。）

我在巴西和一群企業管理研究生做過這個練習。其中一名學生芙莉妲是回到校園進修的實業家，她第一天來上課的時候充滿信心，但是當我說我會利用這本書裡的問題來協助他們面對未來的談判時，她看起來憂心忡忡。她先私下問我：「嗯……假設妳在經歷職場變化，這也算談判嗎？」我說，「當然算啊，妳正在為自己的職涯發展掌舵，朝目標前進。這些控制方向的對話就是談判。」她聽到這情況也算練習的一部分時，看起來很無奈，一點也不興奮。

我看著她完成了問題定義、需求和情緒的部分。雖然她看起來依然憂慮，但還是興致勃勃地寫下答案。接下來，我們來到了這個問題，關於過去的成功經驗。這時候她忽然淚崩，把臉埋進手中。我走到她身邊，這樣我們就可以單獨對話，她深呼吸之後堅強地嘆口氣說：「現在就是這樣。我上一份工作被解雇了。解雇了！我是說，我本來就知道那工作不適合我。老實說，我真的很討厭自己的工作——所以才來申請研究所。我以為我會有時間規畫下一步，可是還沒準備好，這工作就沒了。我必須接受這事實，想清楚新的方向，可是我從來沒有成功的經驗，所以這一切才會這麼糟。我從來沒有被解雇過！」

我們一起總結她的答案。她需要（一）接受這段工作關係。從她的觀點來說，這份工作既無法滿足她，也不是很順利。當時只是為了賺錢糊口，而這段工作關係已經結束了；（二）為自己找出新的、更有滿足感的方向。我問她：「妳能不能回想起過去曾成功接納自己的人生某個章節已經結束了，為自己創造一個新起點的經驗？」她搖搖頭、安靜地坐著，過了幾秒之後，她抬起頭。「等等——有。個人感情，算嗎？我有一段感情不是很順利，對我們兩個來說都很難熬。雖然也有一些很好的地方，有人陪伴的感覺很好，可是我知道我們就是不適合，所以我們結束了那段感情。我很難過，可是幾天之後，我想到有新的未來就充滿期待。我後來才明白，其實是我讓自己自由，才能跟值得在一起一輩子的人相遇。我找回了以前的嗜好，開始和興趣相同的人聊天，這些人才適合長期相處。」

我們的討論雖短，對芙莉妲的幫助卻很大，回想起過去結束感情後、成功創造新起點的經驗，緩減了這次被解雇的痛苦。她可以提醒自己這段工作關係就像之前的感情關係一樣，讓雙方都很不滿。她還記得自己曾經成功地為人生設計了新頁。她決定要加入一些工作性質相符的專業協會（就像她在分手之後，重拾興趣與嗜好一樣）。她也看得出來，進入研究所讓她有許多機會建立人脈，朝為自己設計更好的未來邁進一大步。她離開教室的時候，比剛走進來時多了一些氣勢。

2.「我想不出任何成功經驗。」

偶爾，有些人會跟我說，他們想不出成功的經驗，完全沒有。有時候不管在外面看起來多麼成功，或多麼有成就的人，都不覺得自己稱得上成功。他們可能會認為目前的成就是因為其他人（「那是團隊的付出」），或者是運氣（「我只是在對的時間站在對的地方」）。也有一些人對成功的標準很高，幾乎所有的一切都不能稱為成功（例如：「我把我的社論寄給好幾間大報社。有些立刻就刊了，可是只有節錄其中一部分。」）。還有一些人包括美國前第一夫人蜜雪兒・歐巴馬和臉書營運長雪柔・桑德伯格（Sheryl Sandberg），都曾受「冒名頂替症候群」所苦，也就是她們不覺得自己很成功，而是在等全世界戳破謊言，發現所有光環都只是虛有其表。

聽起來是不是很熟悉？不管你是不是缺乏信心，或是覺得自己名不符實，可能都沒辦法回想起過去的成功經驗，因此無法對下一場談判感到自信，或覺得自己更有能力面對下一場談判。自覺是第一步。有時候，當你知道這個現象存在，就能對症下藥，減少這些心態所造成的影響。

首先，讓我強調一點：你過去的成功經驗不一定要轟轟烈烈，像是談成了生意，改變了整間公司，最後掛牌上市。你可以花點時間，想想人生中哪一個階段的生活或工作很順利。那些你很引以為傲或備受正面肯定的時刻，也可能是你過去的成功經驗。

說到別人的肯定和意見，我的第二個祕訣就是，要請你去諮詢好朋友或很親近的同事——可以是真人，也可以是你想像出來的人。團隊裡最親近的同事對你的貢獻有什麼評價？最好的朋友認為你擅長什麼？有時候，當你所敬重或親近的人給了你一些意見時，就可以幫你回想起過去的成功經驗了。

我曾經把這個方法用在朋友身上，他當時在找新工作，由於之前在家當全職父親很久，他對重返職場和接受面試沒什麼信心。他說當他回想起過去的成功經驗時，腦中一片空白。「問題就在這。基本上，我大學以後就沒有離開家、找過真正的工作。而我現在是個完全不一樣的人了。」我問他：「那你在家的工作呢？你最擅長哪些事？哪些事最能給你滿足感？」他說：「嗯，帳單都是我付的，而且我絕不遲繳。有一陣子是我的伴侶在負責，但我比較擅長，所以就由我接手了。我們的兒子被診斷出識字困難的時候，是由我安排所有的檢查。我還到學校去確定他們可以依法提供他在教室裡所需要的支援。我找到一個家教，我知道很符合他的需求。」換句話說，我這個「不成功」的朋友是個做事條理分明的經理，可以同時間處理好幾個不同的專案期限。他可以研究法規標準、成功立論，並進行多方協調來執行政策。從好朋友口中聽到這些評價，讓他看到了自己過去的成功經驗，也知道要如何轉化這些經驗，在談判中爭取正職工作。

有時候，你過去的成功經驗裡有很多線索，可以讓你在當下和未來談出更好的結果。就算過去的成功經驗和你眼前的挑戰很不同，只要知道自己過去曾經成功，就能添加情緒燃料，讓你能往前衝、好好談判。

小結

回答完這個問題之後，你就快要結束「鏡之卷」了。你在這一章裡，回顧了過去成功面對類似談判挑戰的經驗。如果沒有類似的成功經驗，不妨在自己的內在資料庫搜尋出任何的成功經驗，利用這些共通點來協助自己完成目前的談判。你可能也在重組過去事件和個人特質的過程中，清理了一些心理的包袱。結束本章之前，請花點時間閱讀你在這章寫下的筆記，整理出重點或主題。

接下來，我們要面對另一個關於未來的問題，讓你著手設計未來。

徐梅走進紐約市的高級百貨布魯明黛爾，花點時間感受所有的景象、聲音和氣味。幾年前，她以消費者的身分穿過這道門；此刻，她是創業家了。

徐梅在世界銀行工作並接受中國外交官的職業訓練後，於一九九一年從中國移民到美國。為了當上外交官，她不但學英文，還上過文藝復興時期的美術課，而且經常瀏覽學校附近的服飾店櫥窗。她到美國的時候，對藝術和時尚深感興趣，但沒有任何相關領域的經驗，而且需要一份工作來養活自己。她因此先進入一間外銷醫療器材，到中國醫院的美國公司上班，那份工作很無聊，但薪水還不錯。很巧，公司安排她住進布魯明黛爾百貨公司旁的旅館。她下班的時候，會不自覺地走進百貨公司，熱切地看著陳列商品。女裝部精緻的時尚感讓她著迷不已，當她走到居家用品區的時候，看到了很不同的景象。在這裡，完全感受不到瀰漫於整間百貨公司的時尚感——徐梅覺得這裡的家具家飾好像已經囤放了數十年，就像老奶奶的壁紙。徐梅對全國公共廣播電台「我的創業歷程」節目主持人蓋伊．拉斯（Guy Raz）說她的目標就是要「消弭居家生活與時尚間的鴻溝」。

她的第一步就是先找出在居家用品的市場中，哪裡適合立足？評估了許多商機之後，她決定把重心放在香氛蠟燭上。她做了一些研究，直覺認為只要蠟燭的香氣和外型夠高檔，消費者不只是在逢年過節的時候願意買，全年都會想要入手。

但首先，她必須要知道怎麼製作蠟燭，所以下一步就是從錯誤中汲取經驗。她向紐澤西的蠟燭賣家學習怎麼用蠟調香，然後又花了好幾個禮拜在地下室試做，拿康寶濃湯的罐子當模型，實驗各種香氣。有一天她在實驗過程中忘了加入一個可以讓油和蠟融合在一起的化學物，結果當她從模型中取出蠟燭時，因為缺了這項化學物，蠟燭看起來很不一樣——像化石一般古老。徐梅決定在品牌故事中，結合這個錯誤經驗，於一九九四年發表了自製品牌：切薩皮克灣蠟燭公司。

她的下一步是要建立通路。徐梅告訴我，「一次走一步很重要。我把蠟燭賣給了媽媽界的流行小物商店，因為我知道這些小店為了對抗大型連鎖品牌，很清楚潮流。我知道自己可以在這裡學到很多，等我準備好的時候，這個經驗可以幫我跨出下一步，進入大門市。」

她在當地小店成功了以後，走進布魯明黛爾，開始和接電話的採購助理打好關係。每次她打電話來或親自拜訪，都會多了解這些窗口：他們在做這份工作之前，住在哪裡？為什麼他們會進時尚產業工作？最後，她靠著魅力與毅力，讓對方說出了採購決策主任的名字，這個人掌管了整間百貨的訂單。採購決策主任立刻愛上了徐梅的蠟燭，馬上下單——就在徐梅打好關係的那間分店販售。

她一拿到這張改變人生的訂單，下一步就很明確了。她必須說到做到，這表示她需要有專門的生產線來製作這種獨有的蠟燭，包括了她需要的精油。徐梅打電話給姊姊和姊夫。他們夫妻在中國杭州的電腦公司上班，一聽到她的需求便動員起來，在一九九五年開設蠟燭工廠。現在還繼續營運。

徐梅在布魯明黛爾有所斬獲之後，知道自己要進行下一步才能讓公司茁壯。為了占有更大的市場，她必須進入另一種通路，吸引在乎價值的消費者，但他們同時也重視設計感。她把眼光放在Target超市，這家公司全球有七百五十間分店，而且有兩條走道都在賣蠟燭，共計陳列長度達約十五公尺。

不過，她在Target沒辦法靠毅力和人脈打拚。徐梅嘗試了一整年，Target的採購人員還是不願意回她電話，最後總機出於同情，建議她打給採購部門的主管申訴。她照做了。採購人員立刻回電——對她咆嘯說，這不是做生意的方法，然後就掛上了電話。

洩氣的徐梅等了一陣子，然後再打。再打。終於，幾個月之後，語音訊息的聲音不一樣了。新來的年輕採購人員很快就回電，並且飛到明尼亞波里斯的 Target 總部和她見面。這個採購人員在會議結束的時候說：「徐梅，我想要在七百五十間分店都賣你的蠟燭。」Target 的訂單金額超過一百萬美元，且預計那年還會再下超過三百萬。

徐梅原本在自家地下室用康寶濃湯罐實驗自製蠟燭，最後成就了數百萬美元的蠟燭公司。徐梅和丈夫剛踏上美國土地的時候，一個人也不認識，也沒有設計或消費者產品的經驗，不到二十年，她創建了一間大公司，後來賣給了市值數十億美元的紐威品牌公司，成交價據報為七千五百萬美元。

她做的就是一次跨出一步。

第一步是什麼？

在「鏡之卷」結束之前，我想先問問你對未來的看法。我們定義了問題或目標，並檢視了要怎麼做才能達成目標。接下來，我們探究了自己的需要和感受，才能清楚了解自己重視什麼，要怎麼做決定。後來，我們從過去的成功經驗中，產生了動力和想法。現在要採取第一步——該開始設計未來了。

我經常碰到一些人，他們已經正確地判斷出要解決的問題，卻還沒想清楚要怎麼徹底解決這個問題。我們在這一章會探討，為什麼把注意力集中於第一步，可以有效成功談判。了解了這個問題背後的**道理**，我們就要來想**如何**實踐第一步。我會協助你把注意力集中在自己身上，取用內在智慧，為你自己規畫出往前進的第一步。

採取往前進的第一步

我認為所有談判都和時間旅行有關：我們必須要理解過去和當下，才能設計更好的未來。我們在這一章看到未來。這是「鏡之卷」的最後一個階段了。

問自己「第一步是什麼？」很重要，原因有兩個：這可以建立氣勢，並且讓你能夠跨出更多步。

一次一步建立氣勢

首先，專心於第一步可以幫我們建立氣勢。當我們面對談判或掌舵要朝大目標前進的時候，在出發前就設計好整套解決方案，可能會讓人心累，反倒失去生產力。一旦心累，就連興致高昂的人都可能提早放棄，或處理事情變得比較沒有章法。有時候，我們就是需要那第一步，來幫自己建立一點氣勢。

我有一次在訓練一組人談判，當時要處理的議題很多，我請他們在白板上列出每個議題，讓所有人都看得到。然後我選了其中一個先開始，那是我覺得最可能成功處理的議題，一旦那個問題解決了，在白板上劃掉之後，你可以看到大家鬆了一口氣的表情，而且氣氛愈來愈高昂。我們走在對的方向上。這可以幫助所有人維持動力，開始解決面前其他的議題。

我最近和一個在職業巔峰的知名記者對話，她報導過許多大事件，可是有一個職涯的里程碑一直跨不過去，讓她很挫折：她始終沒辦法寫書。她對我說：「我覺得自己主要的天分是，可以很快地結合許多研究資料，替大家消化成好懂的訊息。我很習慣在下午三點收到資訊，接著在一、兩小時後就站上新聞台。尤其去年，重大事件幾乎都是我報的。其中有一則簡直可以當做書本的企畫案了。我只需要知道怎麼在報新聞的同時，把書寫出來就好了。」

當時，她已經做好準備要往前看了。我問她：「妳現在若要採取第一步，可以怎麼利用空餘時間，做足準備，這樣等到大事件發生的時候，就可以很快地把妳的媒材轉化成書本的企畫？」

她想了一想。「哇，妳知道嗎？我可以先把企畫裡面和事件比較無關的部分先寫好——像是我的自傳和市場分析——這樣當我有**事件和報導**的時候，就知道能不能加進我的書裡，加好以後就能寄出去了。這樣一來，我就只要做我最擅長的事——找事件、快動作——就能和出版社簽約了。我這週就開始！」兩個月後，她的企畫案寫好了。有時候，專心想著第一步就可以幫我們組織思緒，重掌力量。

這一步，替下一步準備

從第一步先開始的另一個理由是：談判協商的過程經常是累進的。舉例來說，如果我們還沒經歷前四步，就沒辦法採取第五步。徐梅說，很多創業家都會犯的重大錯誤就是在談判中省略一些步驟。她知道需要先和小商家談生意才能累積經驗、評價和銷售數據，這樣才能帶著她的公司進展到下一個階段，面對更大的買家。

正在看這本書的你也一樣！為了搞清楚自己要怎麼採取第一步，你必須先想清楚自己要去哪裡、需要什麼、有什麼感受、過去有什麼成功經驗。回答這些問題可以協助你準備好回答最終的問題，協助你解決問題。

一步一腳印：範例

無論你面對的是哪種談判，考慮第一步都具有改變的力量。有時第一步可能感覺很小，但卻有巨大的影響。一位聯合國大使、厄瓜多爾的路易斯・加耶哥斯（Luis Gallegos）告訴我，在重大外交談判中，如果沒有數百人，也有幾十人參與，人們可以透過改變一份大規模文件中的一個詞，來影響最終投票。有個小企業主茱莉想要開始吸引更多的工作機會，所以在得到一個大客戶後，她決定在社交媒體上為這個客戶記錄工作，這樣人們就可以看到她的能力。這個決定讓她獲得了多個新的大客戶。

當你朝著一個大目標前進時，一步一腳印特別有用。

名人健身教練歐藤・卡拉布雷絲（Autumn Calabrese）已經幫助許多人實現健康和健身相關的目標，並減掉了大量的體重。歐藤告訴我，她認為減肥——就像你想的一樣——也是一種談判，這是世界上很多人都會碰到的一種談判。她最近建立了一個營養計畫，讓大家回答問題後，能更深入地審視「鏡之卷」，並且開始引導自己朝著目標前進。

歐藤告訴我：「我試圖讓客戶問自己一些更深層次的問題，這些問題能幫助他們找到真正的答案和解決方案。大多數人都像倉鼠一樣，不停地從一種食物跳到另一種。

當你這樣做的時候，就永遠不會停下來問自己更深、更困難的問題，也不懂自己為什麼要經歷這些關卡。」

「一旦有了這些答案，第一步就是要制定短期目標。所以，如果你的長期目標是『我想減掉二十五公斤』，很好。我們需要一個路線圖來實現這個目標。不能只是說『我想減掉二十五公斤』，然後就隨興發揮。我讓人們從一小步開始，也許一週一小步。所以我們會討論：『好吧，我們在第一、二、三和第四週需要做什麼？這些都是一小步，我們一次一小步。這樣做有幾個原因。第一，這些單獨的步驟可以激勵大家。在前進的過程中，你需要一些小小的慶祝，因為二十五公斤並不少，不可能隔夜就瘦了，所以我們需要在前進的過程中，創造一些小勝利，才能保持前進的動力。

「按部就班做事的第二個原因是，你需要每一步都進步。如果你想減重二十五公斤，除非吃得很健康、均衡，給自己更多能量，否則可能也無法增加大量的鍛鍊。也許在第一週，你會說『我要少喝汽水』；然後在第二週，你要吃更多的蔬菜，一旦感覺比較好了就可以往下行動；第三週的步驟是每週多走幾次。所以你在前進的道路上，完成這些小步驟，而小步驟加起來就成了大目標。在開始的時候，我認為只關注第一步是非常重要的。你不需要知道所有的步驟。你不用知道第六個月時你得在哪裡。所以我們從第一、二週可以做些什麼開始談起，來接近這個目標。第一週，我們都在交談和提問：「『第一步是什麼？』」

換你照鏡子

現在換你照鏡子了。請記得，你已經知道自己為什麼會走到這裡，也了解自己需要什麼。你考慮過自己的正面和負面感受。你檢視了過去的成功經驗。現在你要看向未來。就像其他章節的練習一樣，請你創造一個舒服的空間，讓自己能自由地思考和書寫，然後想想這個問題：

第一步是什麼？

總結「鏡之卷」：計畫你的步驟，然後往前走

本章會總結「鏡之卷」的練習和作業，你已經寫下可以在談判中採取的「第一步」，這是前往未來的路線圖。現在，我們要讓這路線圖盡量完整。我們可以合作把第一章裡回顧的歷史、第二章看到的需求、第三章的感受、第四章的成功都用來設計本章

的行動，你就可以組合成行動計畫，便能感覺到自信、有力量，而且心繫自己和目標。

回顧你的問題（或目標）

首先，請翻翻第一章總整理的重點或主題。你找到了什麼問題或目標？我要提醒你，在談判中所有的決策都來自於此。如果你和賈伯斯一樣，在設計一個用途多元的迷你電腦，還可以撥電話，你會研究所有大家攜帶在身上的不同裝置，想著要怎麼把這些功能都結合在一起。假如你要和裝潢公司協商、打造夢想中的浴室，你可以研究最新的設計，想著怎麼放進家中。假設你是要改裝來銷售，你就會研究別人想要什麼——你會觀摩附近最近賣的房子浴室是怎麼設計的，然後跟自己的比較。

你也可能會想要回顧，你怎麼走到今天這一步。如果你是安東妮雅，和姊姊卡門發生了劇烈爭執；或你是安德魯，想知道怎麼開口要求加薪，你就會回顧這個議題的歷史脈絡，想想至今發生了哪些事，同時計畫未來。

回顧你的需求

接下來，我希望你把注意力帶回在第二章所發現的需求。請記得回顧有形（看得到、摸得到、能夠計算）與無形（例如欣賞、尊重等為人生帶來意義的主題或價值）需求。這對你來說是最重要的事，你所採取的行動都應該要反映出這些需求。

當你想著自己的無形需求時，請回頭去看我問的附加問題，用具體的方式去想想：「那是什麼樣子？」以公平為例，公平的樣貌真的見仁見智，每個人的想像都不同。對某個人來說，可能是基本年薪要增加美金兩萬元。對另外一個人來說，公平可能是夫妻兩人要輪流打掃廚房。運用這些具體的想法可以讓無形價值結合到生活中。

接下來，檢視所有的需求，想想你可以採取什麼行動來**完整**、**充分地**符合這些需求。請記得，談判中成功的抱負都來自我們的需求，所以要盡量仔細、樂觀。允許自己去想像一個所有需求都能得到滿足的世界，然後列下你要採取哪些第一步才能抵達那個世界。如果你覺得這很難，就假裝你每想出一個方法就能從我手上拿走二十美元。很瘋狂、不切實際嗎？無所謂。很多成功的談判，都是從聽起來不太可能的第一個想法開始的。

我們來看看一九一二年羅斯福選總統時的成功談判案例，這故事現在大家已經耳熟能詳了。選戰到了最後，羅斯福和競選陣營經理打算搭乘火車拜票，沿途會遇見數百萬名的支持群眾。他們印了三百萬份手冊，裡面有羅斯福的演說全文和一張很好看的照片。不過他們才出發沒多久，就發現了一個嚴重的問題。他們沒有得到莫非特攝影工作室的允許，所以那張照片沒經過授權。研究了相關法律之後，發現如果在沒有取得版權的情況下逕行散發手冊，最後可能每份要付美金一元。他們承擔不起這個風險，得趕快想辦法。

羅斯福的競選主任喬治·派金斯（George Perkins）想出了方法，但聽起來很不切實際。他發電報給莫非特攝影工作室：「我們計畫要發出三百萬份手冊，羅斯福的照片就在封面上。這對你們工作室來說，有強大的公關效果。請問你願意付多少錢給我們來宣傳？請儘速回覆。」

莫非特攝影工作室回覆說，他從來沒有碰過這種事情，他願意付競選團隊兩百五十美金。他們接受了。羅斯福的競選團隊把原本龐大的版權支出變成了財務收入。他們只需要一個好點子。

回顧你的感受

想清楚你的問題和需求之後，回頭看看你在第三章所寫下的感受。感受不分正面或負面，都是談判的一部分，它也會幫我們做決定。

肯定你的感受有助於打造出更好的解決方案。利用神奇的附加問句，來幫你把感受變成面對未來思考的想法。如果你有負面情緒，就問自己：「在這個狀況下，有什麼可以消除或減少我的——（填入你的負面感受）？」請想想潔米拉醫生的例子，她和病患在協商照護的過程中，發現了自己承受不住的挫折感。潔米拉可以問自己：「在這個情況下，有什麼可以消除或減少我的挫折感？」當你問這個附加問題時，就開始把感受變成了點子製造機，你就有明確的想法，知道怎麼往前進。如果你在第三章沒有這麼做，現在可以花點時間來想想哪些步驟可以幫你減少這些負面情緒。另外，你也可以運用正面情緒，如果體驗到了喜悅，可以問自己：「要怎麼做才能維持或強化我的喜悅？」

想想過去的成功經驗

最後，回到第四章想想過去的成功經驗，不管這和你目前面對的問題有沒有共通點。當你閉上雙眼，鉅細靡遺地回想過去自己成功談判的一切元素——你的嗜好、行動、心理狀態。如果以前碰過類似的狀況，而且成功了，請好好回想自己採取了哪些有效的行動。例如，如果你在和配偶協調理財的態度，而你們剛結婚的那幾年沒有問題，那麼請回顧過去，看你們過去是怎麼成功面對財務議題。這不但會讓你對目前的處境感覺好一點，也能提供有用的資料，讓你知道哪些方式有效。你也可以在和別人談判時，利用過去成功的經驗，讓對方知道你過往的表現。

如果你以前沒有在類似的處境裡成功過，那就看看在第四章寫下的其他成功經驗。如果你是第一次協商薪水，因此很焦慮，但在第四章裡發現自己很擅長向客戶提案，說服別人，你就可以想想自己是怎麼成功（且充滿信心）的，有哪些步驟或行動可以複製在這場談判中。

如果我寫下的不只一步，怎麼辦？

你已經回顧了本書前四章的練習和作業，也知道要怎麼前進了。非常好！如果你在本章一開始的時候，寫下了一些想法，而點子仍不斷冒出來，那就趁現在全部寫出來。

當你在閱讀這一章，或甚至是讀完以後，都可以隨時把腦中所浮現的想法寫下來。當我請你寫下你應該採取的第一步時，並不是要限制你的思緒。要你想第一步，目的是希望讓你解脫，不要覺得自己現在就要準備好所有的答案。因為大部分的時候，你其實沒有所有的答案。有時候，就算我們現在有一些想法，還是需要談判的對手才能找到潛在的解決方案（我們會在「窗之卷」詳談）。有時候，這條路太漫長，看不到終點站。若想在出發前一步到位，反而會陷入困境。就算你不能現在就設計好完整的未來，還是可以知道自己希望的明天是什麼樣子。所以，我們不需要從導航儀器看到這條路要轉的每個彎，只要專心看著下個彎就好了。

解決疑難雜症

通常，當我問別人這個問題的時候，他們可能會想不出答案。現在，我們來排解常見的狀況。

◆廚房裡太多廚子了

前幾章提過，很多人沒辦法想清楚怎麼前進，是因為腦中有太多雜音。換句話說，你的大姊、意見很多的同事或親朋好友都已經給過你意見了——不管你有沒有問他們的想法。或許他們不只給你意見，還甚至告訴你應該在談判中怎麼做。

我在教談判的時候，也經常觀察到這種狀況。當我指派學員針對特定問題去談判——假設是買賣中古車要議價——然後請他們分組為買家和賣家，去討論「鏡之卷」的問題與答案，通常你會看到當有人聽了別人重視哪些事情以後，臉上就出現自我質疑的表情：我要開始介紹付款方案了嗎？這是他想要的嗎？我要請第三方來鑒定嗎？忽然間，他們自己列出的需求好像沒有別人的需求重要。

如果這會發生在教室的角色扮演裡——只是模擬議價——想像一下我們任由多少人的意見，左右了自己的真實生活，代價又有多高。所以當你腦中一片空白，或是你在回答這個問題的時候，感覺很衝突，怎麼辦？想想看你是不是聽進了別人的意見。有沒有人和你談起正在進行的談判協商？你可以問自己：有哪些人聽過了你的問題——或許是你的同事、客戶、配偶、孩子——然後再問自己：他們認為你的第一步該怎麼做。寫下來。認真檢視。你覺得這些建議，有道理嗎？你獲得共鳴了嗎？這可以協助你品評別人的想法，這樣就會知道哪些建議對你有用。最終，你的目標是要把別人的觀點放在一旁，讓你能對準自己的目標，設計出往前進的行動。

◆「我卡住了」

如果你在閱讀這一章的時候，還是想不出答案怎麼辦？繼續讀下去。

找好場地，再換一個。我想要請你想一想場地的問題，認真想想你**在哪裡、哪段時間**最容易產生想法？上午、中午、晚上？上班的時候？在家的時候？慢跑的時候？在忙碌的咖啡廳裡？安靜的圖書館裡？你在哪裡最能產生創意？那就是你該思考這個問題的地方。

用最糟糕的行動來問自己。如果你還是覺得卡住了，我們來玩個遊戲。請你問自己：「你**最糟糕的**行動可能是什麼？」有時候，我們一直在自我審查真誠的欲望；或者我們需要自由來嘗試不同的選項，才知道自己要什麼。擺脫最糟糕的情境通常可以讓我們很透澈地想清楚怎麼做更好。

有個製造業的高層主管必須決定要不要接受部門內的升遷機會。他做各種職務都游刃有餘，而且非常成功，但受不了職場氣氛。如果不接受，他也可以轉到全新的國際部門，他在那裡沒有認識的人，必須要加速五〇％的速度才能跟上節奏。他預計一週內就要和兩個部門坐下來談。當我請他想想第一步的時候，他說：「我不確定。我一直來回想著公司的未來，還有哪個部門可以為我鋪路。我想關於這兩個部門，我累積的資訊已經夠多了。」所以我接著問他：「這一刻，你能採取的最糟糕的行動是什麼？」他閉上眼睛，想了一下，然後說出連自己都很意外的答案：「我沒辦法在這裡多待一年。我覺得這個部門的方向不對。時間到了。」他同意轉到新的國際部。想想「最差」的選項，就可以解放他的腦袋，讓他清楚透澈地看到自己需要做的決定。

這個「最差的想法」很適合個人，也很適用於團體談判。事實上，有些公司也用這招來找出創新的商業想法。3M就把這種方法稱為「逆向思考」或「顛倒看問題」。舉例來說，當他們在思考要怎麼讓更多消費者訂閱電子報時，會問：「我們要怎麼讓大家取消訂閱？」如果這個問題的答案包括：「寫一些和消費者生活無關的內容」「太常發信」，或是「信中沒有折扣或優惠，無法吸引他們」……那麼，你看到前幾步，就已經可以找到解決方案了。如果你翻開這一章的時候，連第一步都想不出來，可以想想最糟的做法，然後看接下來會產生什麼念頭。可能會連你自己都嚇一跳哦！

小結

恭喜！你已經完成了「鏡之卷」。當你問自己這五個問題，並仔細聆聽自己的答案時，你就已經比別人超前部署談判了。你得到了很多資訊，能夠更深入了解自我和手上的議題，也獲得了很多能解決問題的潛在想法。再看一眼你的答案，把你的發現總結成一句話。

現在，我們要進入「窗之卷」了。有些人會覺得看著鏡子對自己說話很難，和別人坐下來對談比較容易。其他人……像你可能會覺得，**我真的需要和別人一起練習嗎？**

首先，這是個封閉式問題，讓我來重新造句。你可以問問自己：「我問別人這些問題之後，會有什麼收穫？」這個問題好多了。為什麼？因為你當然什麼都不必做，你可以採取我說的鴕鳥型談判策略——把頭埋在沙子裡，等這個問題自己消失。但是你如果鼓起勇氣，就可以有很多收穫。當我叫別人怎麼開口要更多，並且教他們怎麼做的時候——從透明的窗，看進別人心裡——這就是為什麼你可以在談判過程中得到**更多**。更多什麼呢？

- 更多選項，組合成有價值的解決方案
- 更多信心，讓你能和任何人對話，處理各種議題
- 更多進展，理解那些對你的成功至關重要的人可以讓你更接近目標
- 更親近談判對手
- 當你問別人這些問題，可以獲得更多資訊，就能朝下一場談判穩步前進
- 更心安，因為你們的對話會更真誠

別擔心，你不必自己來。就像「鏡之卷」一樣，我會引導你完成「窗之卷」的問題。我會讓你知道怎麼提出每一道問題，聽出你需要的答案，盡量獲得訊息。我會讓你了解提出每個問題以後可能會發生什麼事。我會提供祕訣，協助你排解疑難雜症，然後協助你運用透過「窗之卷」的問題蒐集到的資訊來解決問題。

第二部

窗之卷

別人說話的時候，要聽完。不過，多數人從不傾聽。

——海明威

不管是學術研究或我們的經驗，都證實了要真正看透別人有多難。認知的謬誤就像一層薄霧，讓我們看不清楚鏡子裡的倒影，也會遮擋窗戶，讓我們看不清身旁的人。

就算是在最稀鬆、平常的情況下，我們都未必能清楚地看透別人，更何況是在阻隔了經驗、評判和情緒的「雜音」之後。平時我們透過聽覺、視覺、觸覺都無法傳遞出正確的觀感，在談判或交易時就更難了。溝通困難的時候，我們通常沒辦法聽到別人口中究竟說了什麼——更慘的是，有時還會貶低這些訊息的價值。需要提問時，我們又經常問出封閉式問題，造成溝通無法進行；又或者是我們試圖影響對方，說出自己想聽的答案，但那卻不是對方真正想說的話。

「窗之卷」讓我們提出對的問題，然後聽到答案。為了傾聽別人說話——聽出真正的訊息——我們必須要聽出對方的需求、顧慮和感受，不只是想著要怎麼回應而已。

很多人常常跟我說，他們談判時不必提問，因為他們「已經準備好所有的資訊」，或者「已經聽過一百萬遍了」。這完全不符合事實。就算是和已經認識一輩子的人在一起，我們也不是完美的聽眾，尤其是在談一些雞毛小事的時候。我們會出神、分心，或是透過自己的觀點去過濾對方的訊息。

很好笑的是，每一年我發現自己教很多人談判，包括外交官、律師、企業主管、人資顧問等，但是在所有學生裡，最擅長聆聽的卻是十歲的小女孩。我在紐澤西州的小學，教孩子如何化解衝突。為什麼這些小女孩比大人更擅長聆聽？因為她們不會一直想著自己，而大人會任由自己的需求與感受蒙蔽了觀點，影響了我們如何看人。「窗之卷」可以協助你擦亮窗戶，你因此能更清楚地聽見、看見談判桌對面的那個人。當你更會傾聽，就更能掌舵。

傾聽對手？

大部分的人都知道傾聽配偶、同事的話很重要，也知道和別人進行關鍵的對話時，傾聽對方也很重要。但是，如果要你在尖銳的談判中傾聽對手，你可能會很懷疑這招到底適不適用。

傾聽對手很有用。就算你處在只有一個人能贏的生死局面之下，花點時間去觀察和傾聽對手也可以把勝率調到最高。這套道理同樣適用於運動賽事。以網球為例：觀察對方揮拍的角度和腳步，並且聆聽揮拍的聲音，就能判斷球的落點和力道，使你在接球的時候更有優勢。

金錢談判也是一樣。你不需要一開口就把自己想要的金額或立場講清楚，在談判初期，可以透過提問來了解對方的需要、顧慮和目標，這樣就有絕佳的機會能成功提案，在看似輸贏立判的局面中創造價值。西北大學凱洛格商學院的莉・湯普森教授（Leigh Thompson）發現，九三％的談判人員無法透過診斷型問題，找出對手的需求、顧慮和目標，但是在這些情境中只要對方願意回答，談判結果就能大幅改善。所以就算你不相信我也無妨，傾聽對手真的能在談判中幫助你。

請記得，很多時候談判桌上的對手會在談成合約之後立刻變成夥伴，而且你們得一直維持合作關係。還記得幫你裝修浴室的承包商嗎？你們一旦談好價格，你就要信任對方能替你打造出往後數年都會很滿意的浴室。如果你在和經銷商談怎麼賣出商品，一旦談妥了價格和條件，就需要他們的熱忱與責任心，才能將你的商品賣給家家戶戶。有時候我丈夫感覺像我的對手（或我像是他的對手），但每天晚上我們還是要睡在同一張床上。

當你想著要怎麼談判的時候，可以先思考等談判結束之後，你和這個人的合作關係會有多密切。這個世界沒你想的那麼大，每個人都彼此相連。在解決問題的過程中，把對手當成夥伴可以協助你完成目標，為你帶來談判中肯的好名聲，也能讓這個世界更好一點。

傾聽：很基礎，但不容易

傾聽是很基本的談判技巧，或許是最重要的談判技巧。因為這是建立良好談判的基礎，你可能會覺得只有大學生或談判新手才需要。不是這樣的，讓我解釋給你們聽。

我練瑜伽是為了保持神清氣爽、平和穩定，這也是為了穩定身邊的人。我最有智慧的瑜伽老師曾經說過，進階瑜伽並非精進各種困難的姿勢或擁有芭蕾舞者的柔軟度（和你平常在社群網站看到的不一樣），而是指你的覺察力已經進階了，就算是最基本的動作也能讓你感覺到自己。

以基礎的戰士二式來說，你必須站在瑜伽墊上，兩腳分開，雙臂往不同的方向延伸，前膝略彎，後腳往前約十度，然後停在那裡。如果這不夠難，進階練習才剛開始呢。當你維持戰士二式、略彎膝蓋的時候，要讓膝蓋直接對上腳踝，這樣你的膝蓋就會對準第三根腳趾，前大腿要平行地板，這時候核心要用力，保持肩膀開闊，手臂平舉，打開胸膛……然後呼吸。

所以，傾聽就像戰士二式，乍聽之下好像很基礎，但一點也不簡單。要成為進階的談判人員就表示你要在運用最基礎的技巧時，也能維持高度自覺。

最優秀的談判人員最擅長傾聽。賽局理論研究策略和決策告訴我們當你沒有線索或缺乏策略思考的時候，就無法進行真誠的溝通，把重點放在對方的經驗上。研究發現有同理心的聽眾不只能創造出更好的連結，也能在對話過程中獲得最多資訊。「窗之卷」就是要讓你獲得這項能力。從現在開始，你每天在談判協商的過程中，都可以用上更高階的聆聽技巧了。

如何運用「窗之卷」

你已經透過「鏡之卷」更了解自己和身處的情境，接下來，你會運用「窗之卷」來了解對方。請記得談判就是在對話過程中，由你來為這段關係掌舵。所以，除了和老闆對話或協約、訴訟之外，你還可以在許多不同的情境中，運用這五個問題，例如：和潛在客戶建立連繫、與朋友或配偶討論、創辦新公司時，或甚至在你建立客戶之前。

或許你正在想，**這最後一句話有沒有寫錯啊**？我還沒有客戶、也沒有談判對象之前，真的能運用「窗之卷」嗎？當然可以。如果你是創業家，一定知道在設立公司時，第一個目標就是要定義並理解你的理想顧客或目標市場。開門營業之前，你一定要先和未來的顧客群充分對話，並且在對話過程中掌舵。代替你的未來顧客群回答「窗之卷」的問題就是個好方法。你或你的團隊先看過這些問題，想像成目標顧客來回答這些問題。等你看完「窗之卷」，對於顧客就能產生很明確的定義，可以協助你往前進了。

透過窗看世界

你在「窗之卷」要提出五個很重要的開放式問題，來改變局面，並寫下答案。不要怕：我不會讓你還沒做好準備就上場。接下來這五個祕訣可以讓你運用「窗之卷」的問題，在談判中發揮最大的功效。

祕訣一：讓飛機降落。

很多人知道要提出開放式問題時，就會感到很緊張，因為他們覺得這和我們一般會問的問題不一樣，確實，這些問題不一樣。或許你因為要問個連自己都沒有答案的問題而緊張，又或許你害怕問了問題之後，場面會很安靜。

但請鼓起勇氣，讓飛機降落，意思就是，你只要提出問題……就好了。

很多人提出了一個很棒的問題之後，會多補充一些，讓飛機繼續盤旋在機場上空，像是：「談談你的小孩吧……我自己也有兩個，你的小孩多大了？」你剛剛把一個很開放的問題（「談談你的小孩吧」）變成了一個封閉式問題，你能得到的答案才頂多兩個字而已（「他們多大了？」）。不要畫蛇添足毀了一個開放式問題，像是：「那麼，莎拉，妳覺得我們的條件怎麼樣？妳剛剛問到為什麼底薪比其他公司低，但我認為妳可以看出我們的薪資結構有很大的成長空間，企業文化也比較好……妳看過我們的職場培力計畫了嗎？」如果你是莎拉，你還記得最初的那個開放的問題嗎？我不覺得。我會在這本書裡教你怎麼果決地掌舵。當你提出「窗之卷」的問題時，不要多話，問出口之後就等對方回答。讓飛機降落。

祕訣二：享受靜默。

場面安靜會讓人很尷尬，所以有些人不敢提出開放式問題，是擔心接下來對方會沉默以對。很多人會立刻跳回來打破沉默，補一個狹隘的問題，或補充他們自己的評斷，這樣更糟。要問出「窗之卷」的問題需要勇氣，因為你問的都是很大、很開放的題目。不管對方坐在你面前，或是在話筒的另一端，請給他們足夠的時間去構思答案。對聽者來說，安靜是一份禮物。

我在談判工作坊裡面提供了一種練習，要求學員兩兩一組，一人講三分鐘，另一人安靜地聽。很多人沒辦法維持三分鐘不說話。有時候，他們甚至不知道自己在說話，他們實在太習慣了！有一位企業高階主管發現，他沒辦法維持安靜超過一百八十秒，甚至還尷尬地摀住嘴巴。「我知道我會用聲音壓過別人，」他說：「但從來不曉得這問題如此嚴重。從今以後不會了。」接下來的三天工作坊內，我觀察到他在對話的過程中，都能安靜地坐著聽別人說話。最後，他謝謝我，並說在練習完的那幾個小時內，他已經能看出維持安靜開始在改善他的職場與個人生活了。

為什麼要我們安靜個幾秒鐘或幾分鐘都這麼難？通常，我們相信自己必須要開口說話才能和別人建立連結，其實有時候安靜更能建立連結。童年遊戲的專家莉琪・艾沙

（Lizzie Assa）讓家長知道：在啟發孩子說話的過程中，保持安靜非常重要。「如果小朋友在玩遊戲的時候，家長走進來說：『哦，這好可愛哦！』這不是在和孩子建立連結，而是評分。小孩會覺得自己被評量鑑定了，就會像蚌殼一樣縮起來。通常我喜歡安靜地坐下來觀察。我愈是安靜地默想，孩子就愈願意敞開心胸。最後他們就嘰哩咕嚕地開始表達了。大人安靜的時候，孩子會覺得自己的心聲被聽見了。」

靜默對大人也有用。靜默表示尊重，你讓大家有充分的空間，可以想想自己和他們身處的遭遇，安靜比任何鼓勵大家發言的問題都更有效。

我們有時候開口說話是為了表現自己的能力或技巧，尤其是覺得有人在評估、鑑定的時候。有個企業高階主管跟我說：「很久以前，我還是個新來的初階經理時，每週都會召集團隊開會。如果主管在場，我就會覺得必須展現自我價值，所以講得比較多，後來總覺得不自在；我知道讓直屬主管來帶領討論比較好。接下來那幾年，我就比較能夠保持安靜了。管理階層後來跟我說，我的強項就是能給大家貢獻的空間。」

最後，我想告訴你，我們開口說話是為了要控制對話，並且打出安全牌。我們可能過去在受教育的過程中，都認為自己必須要清楚談判的方向，或以為談判中的信心與成功來自於心中備有一切答案。但其實反過來才對：在談判中需要更多信心和技巧才能保持態度開放，並聽清楚別人在說什麼。這也需要準備。當你花時間去釐清自己的輕重緩急，然後聽見別人的心聲，就能透過你的觀點去評估他們所說的話，發展出更好的解決方案。

祕訣三：後續提問。

別人說完之後，你可能有很多想法、反應，還有各種**你現在就必須立刻知道**的細節！等等。你要撒大網。我會在每一章節裡，提供你清楚、開放的問題，讓你用來提出後續的問題，獲得更多資訊。這些問題能用來澄清，也可以幫助對方更理解他們的想法、感受、行為，不只是引導他們給你特定的答案。

祕訣四：總結並請對方反饋。

你問了一個開放式問題，耐心地聽對方回答，然後又後續追加了一個開放式問題。現在你**真的**很想要說說自己的意見了。你有好多話要說！在這之前，請你先總結對方剛剛說過的話。重述你認為他們說出的話，講給他們聽，請對方提供反饋。

不要略過這個步驟！總結是你在談判中威力最強大的工具。當你總結完，對方會真實深刻地感受到你真的**聽進去**了，而且會相信你把他們的訊息給消化完了。而且，總結可以幫助雙方從對話中得到更多收穫。從你的口中聽到自己剛剛說的訊息被播放出來，他們可能會聽到一些連自己都沒意會的事情，而且這會讓你更牢記對方說過的話。研究發現當你努力要聽懂對方說什麼，而且不做回應的時候，你會用不一樣的方式將內容聽得更仔細。

我們常假設自己知道別人的意思，因為總覺得自己理解對方說出來的話，但往往實情並非如此。我八年前第一次去奧克拉荷馬出差的時候，遭遇過以下深刻的體驗。當我和同事尚恩抵達目的地時，我們走到租車處，櫃檯後面的年輕男性問我的職業是什麼。我說：「我是法律教授。」然後他很簡短地問我四個字：「什麼教授？」

因為班機延誤了，我當時很累，而且我屢屢碰到自介職業時，很多人都不太相信的情況，因為我很早就開始教書了，又是女人，看起來特別年輕。所以我聽成了：「什麼？教授？」任何來自冰冷大都會的人都會理解成：「真的假的？**妳**也能當教授？」雖然他問得很無心，但我卻對他咆嘯說：「對。真的。我是法律教授。」那個人驚嚇地張大嘴巴，尚恩補充說：「她教學生怎麼締造和平！」更讓我窘到極點。總結別人說過的話，可以用來測試你是否真正理解對方想表達的意思（這樣就可以避免我在奧克拉荷馬發生的窘境）。

在你總結之後，要請對方提供反饋。我喜歡繼續用開放式問題，所以不會問：「我講的對嗎？」而是在總結之後，說：「我是否漏了什麼？」這樣一來，我就是在請對方讓我知道，他們腦子裡是否還有哪些事情沒說出來。通常，當我問了這個問題，他們就會補充說，原本有個想法還沒說出口，然後這時就會講出來。回饋很重要，不只是可以確保你理解對方，也可以增加你的資訊量，讓你能更精確地掌舵。

祕訣五：聽對方沒說出來的話

當別人在說話的時候，要留心他們的肢體語言，還有沒說出口的話。你所尋找的線索，包括對方的肢體語言、說話的語調，還有哪些話沒說。我們的溝通裡，超過五〇%以上都是非言語溝通，不過很多人都沒有訓練自己去注意那些言外之意。

我有個優秀的學生凱特，她是韓國人，她說韓文裡面，有個觀念叫「眼色」，就是要「讀出」對方的態度、行動、臉部表情和肢體語言，才能充分掌握對方的意思，以及什麼驅動了他們。崔時英（Michael Suk-Young Chwe）寫了一本關於賽局理論的書，並在書中提到了眼色：

就算你跟一個人很熟，要搞懂對方的偏好也不見得容易；舉例來說，當你媽媽在電話上說，如果你放假不回家，她也不會失望，你可能需要費點力從她的語氣和其他評論去推敲出她到底有什麼感受，而且還可能不太準確。擅長判斷眼色的人，可以在對方沒有明確表達出來的時候，也了解別人的欲望，能立刻評估情勢，並且利用這項技巧往前突破。

在尋找肢體語言的線索時，不要假設某個表情或姿勢就一定代表某個意思。舉例來說，雙臂交叉在胸前未必代表防備心很重，可能是對方覺得很冷！你應該要去觀察這個人的預設狀態或底線，也就是他們自然狀態下的姿勢、語調或表情。然後，在你說話的時候，看看他們的底線有沒有變化。如果有人在自然狀態下，就是會將雙臂交叉擺在胸前，然後當你講到某件事的時候，他改變了姿勢，身體前傾，那就表示你的話起作用了。有時候，我可以看得出來大家對談判中提出的條件是否產生反應，因為他們這時候會伸手拿面前的餅乾來吃，或改變了表情，抑或是原本皺著眉，後來微笑了。這些線索提供的訊息比言語多。

小結

以上就是「窗之卷」的介紹。在接下來的章節中，你會學到五個威力強大的提問，讓你能夠以新的觀點去看待談判過程中所遇到的人或事。有了這些策略，你就能準備好充分運用這些問題了。

首度當選猶他州國會議員的班傑明．麥克亞當斯（Ben McAdams）一輩子信奉耶穌基督後期聖徒教會，也就是摩門教。不過他和多數摩門教徒不同，他是民主黨黨員。

麥克亞當斯成年以後，都在家鄉猶他州的政壇服務。在他擔任國會議員之前，二〇〇八年的某一天，他進到車裡準備開會，而這場會議即將改變他的人生，也影響了許多猶他州居民。這一切都從一個重要的問題開始。

摩門教會在二〇〇八年內促成了加州八號提案，禁止同性婚姻，接下來鹽湖城市長拉爾夫．貝克（Ralph Becker）提議透過「同居伴侶登記制」，讓同性伴侶可以順利登記，目的是要鼓勵雇主為員工爭取健康保險和其他已婚員工可以獲得的福利。貝克市長和麥克亞當斯都希望透過同居伴侶登記制，協助猶他州的同性伴侶，並且讓整個州能夠因此吸引更多企業來鹽湖城投資。他們知道有很多企業都希望員工不管住在哪裡都能享有完整的福利與保障。

不出所料，市長辦公室碰到了強烈反對，其中很多人和麥克亞當斯有同樣的信仰。克里斯・巴塔斯參議員（Chris Buttars）和其他議員都反對這項政策，希望透過立法讓鹽湖城的登記制度失效，並且禁止其他次級地方政府通過類似的政策。很多人認為，猶他州的教會與同婚支持者之間開戰了。

市長辦公室裡，有很多人都擔心同居伴侶登記制無法順利推動，但麥克亞當斯相信一定有方法。在巴塔斯參議員立法阻止之後，麥克亞當斯當時只是市長的幕僚，但他決定打電話給巴塔斯參議員，到他的宅邸去會商。麥克亞當斯自己驅車前往，那天他心中已經有了對策。他沒有提出要求或威脅。他決定要好好傾聽，所以當他在巴塔斯參議員的客廳坐下來時，他只說了一句話：「請告訴我你的觀點。」

兩人談了三小時，多數時間麥克亞當斯都在聽巴塔斯參議員的顧慮。他後來對《猶他新聞》說：「我發現當我聽別人說話的時候，就能找到共同的立場。」在這場會議中，他發現了一個關鍵：巴塔斯最主要的顧慮是，同居伴侶登記制會給同性伴侶一些異性伴侶所沒有的權利。麥克亞當斯於是問了另一個問題：如果我們讓同性或異性伴侶都能登記，都能獲得同樣的福利呢？

這場會談揭開了後續的談判協商，最後催生了鹽湖城的「互相承諾登記制」，雖然名字變了，但同居伴侶登記制的精神沒變。鹽湖城議會在巴塔斯的支持下，於二〇〇八年四月無異議通過新政策。

班傑明・麥克亞當斯的妻子茱莉是位受過訓練的調解人，她後來對媒體表示「根據巴塔斯的理解，他很擔心原本的法條有疏漏，班傑明在撰寫的過程中，顧及了巴塔斯在意的點，但也保留了原本的立意。如果班傑明沒有坐下來，花時間釐清巴塔斯的煩惱，他們就沒辦法走那麼遠。」

網子愈大愈好

麥克亞當斯發現一個簡單、開放的問題，也有足夠的威力可以扭轉談判，深遠地影響許多猶他州居民。我們每天都會向別人提出很多問題，尤其是在談判中。但我們是否問對問題了？你已經從「鏡之卷」的練習中，得知維持好奇心、提出開放的問題，可以挖掘到我們原本根本無法想像的大量資訊。現在我們要學著應用在別人身上。

「鏡之卷」的第一個問題就是放寬提問範圍，而這個問題可以讓我們撒出最大的網。我們會在這一章探索「告訴我」的威力。這個開放的問題會邀請對方和你分享：（一）他們認為大家會聚在一起，是因為什麼問題或目標；（二）所有關於這個問題或目標的重要細節；（三）他們的感受和顧慮；（四）他們想補充的部分。這個步驟就像是，在大海中撒一張巨大的網，看你能撈到多少。這個問題最重要，不管談判內容、談判對象、談判地點是什麼，你都應該好好運用。

最猛的開放式問題：「告訴我……」

我們在緒論探究過，不管在討論什麼主題，「告訴我……」都是最開放的問題。這可以讓對方分享內心的想法，或關於特定主題的意見。沒有其他問題比得上這個回應的強大解鎖功能，可以帶來信任、創意、諒解和各種腦洞大開的解決方案。像「告訴我……」這樣的開放問題稱為「創新的泉源」，因為其產生的資訊可以改變組織、機構和個人。

與其用釣竿一次只能釣一條魚，你現在可以讓自己有機會找出豐沛的資訊，**並**和談判桌對面的人建立正面積極的關係。

◆「告訴我……」讓你得知對方如何定義問題

以「告訴我……」來展開談判，可以幫助你盡量獲得最多的資訊，讓你聽聽別人對於你的問題或目標有什麼看法。儘管需要刻意練習，才能獲得對方的觀點，但這可以產生很多價值。

要交換觀點，難度可能意外地高。從別人的角度看議題，就像戴上一副新眼鏡：剛開始需要適應、聚焦，甚至會不舒服。可是，獲得這個觀點很重要，因為這會幫助我們從非黑即白（而且自帶偏見）的視角，切換成談判專家所稱的「學習型對話」，我們會因此更理解議題而成長，不會停滯。這個問題可以讓我們獲得最適合的切入點，幫助自我檢視如何造就了這個處境（這樣我們就能改變遭遇），並且讓我們有能力設計出可行的解決方案。

蜜拉．潔西（Mila Jasey）是紐澤西議會的副議長，過去十年來著重於教育政策。二〇一九年，她在議會中贏得重要的一役：學區署長的薪資。她能成功就是因為花了時間去探知別人的觀點。

學區署長是每個學區裡最高的行政首長，而紐澤西州長在二〇一一年，制定了學區署長薪資上限，說這樣可以省下州政府的開支。但是蜜拉之前在校方董事會服務過，她知道接下來會有什麼發展：經驗豐富的學區署長會立刻離開紐澤西，前往賓州或其他待遇比較好的州，當地學區就沒辦法找到經歷充分的人才來主事。流動率增加就會導致學校預算不足，很多開銷沒有經費可以支應。最重要的是，學校的素質會下降。

蜜拉清楚看到了問題，但她也知道有人支持薪資上限制。所以她展開了紐澤西州的巡迴、傾聽之旅，訪問學生家庭、校方董事會和各級官員，了解大家對這項措施的觀點。她發現在鄉下，多數當地家庭覺得上限年薪十七萬五千美元就很高了。他們不認為用更多錢真的能吸引到人才。但是在比較富裕的區域，居民負擔了較高額的財產稅，他們則是主張若要再付更多稅金來支付學區署長的薪水，負擔就很重。蜜拉真誠地傾聽不同的觀點之後，就能夠建立信任，有效地回應，並認知到薪水確實是很可觀，但若能讓大家一起想想怎麼提高薪資上限，學校也會受惠，因為可以降低離職率，並且能提升學校的素質。她也幫助這些家庭一起來想想，怎麼避免增稅。

漸漸地，風向變了。蜜拉準備好要提案移除學區署長的薪資上限。但她需要議長的支持才能付諸表決——而議長不買單。所以，蜜拉決定再進行一場學習型對話。「通常呢，」蜜拉對我說：「在州政府的潛規則就是幕僚和幕僚對話、議員和議員對話、領袖和領袖對話。但我感覺得出來誰最能發揮說服力和影響力，所以我去找議長最信任的幕僚，我們真誠開放地談了很久。他們主要擔心財政無法支應。理解了他們的顧慮之後，我就能寫出最有力的論點：我把焦點著重在他們想要藉由設定署長的薪資上限來撙節成本，但卻沒有真的省下錢。」蜜拉等了好幾個月，終於在某天上午接到了電話：法令要付諸表決了。沒有人發言反對，甚至連支持薪資上限制的學區都沒有意見。法令高票通過。她花了好多年去理解眾人的觀點，這些努力都沒有白費，讓她順利扭轉了一項重大政策。

◆有時候問題和你想的不一樣

「告訴我……」的美好之處在於，這個問題有時候會改變你對於現況的理解。我前陣子調解了一場職場歧視的案件，親眼目睹其他律師的轉變。在這個案件中，當事人宣稱他是因為遭到種族歧視才被美國政府機構解雇。就在我承接這個案件的前幾個月，雙方曾經在電話調解的過程中起爭執，結果當事人拒絕了政府機構所提出的金錢賠償，而且在對話中表達出不滿的情緒。當時的調解人搬家了，所以這個案子就到了我手上。在我和當事人談過，並聽完他的經歷之後，我決定嘗試不同的做法，讓雙方在第三地面對面，於是請他們來到我們的哥倫比亞大學調解辦公室。

被申訴的政府機構派了律師與會，他也學過調解，特地飛來紐約和申訴人見面。這位律師開場完之後，就問申訴人為什麼拒絕了這個單位的金錢賠償，他轉頭過去面對申訴人，問他：「請告訴我這個案子對你的意義。」申訴人完全沒料到會有這個問題。

接下來，我們聽到的話讓在場所有人都很震驚：申訴人面對這個開放的問題，想了一會兒之後說，「我認為自己真正想要的是重返職場，就算和解金額會小一點也沒關係。我想要養家。我想要回自己的尊嚴。」最後我們討論出完全不同的和解方案，對雙方都更好，而且也能符合他們的利益。這兩位先生在調解結束時互相握手，感謝對方願意討論，並達到成效顯著的結果。當你在談判之初就打出這張牌，便能站在對方的立場，在對話中獲得更多資訊。但這句話的好處不僅止於此。

◆「告訴我……」可以讓你和對面的人建立起關係

全國公共廣播電台的知名訪談主持人泰芮．葛蘿絲（Terry Gross）說過，不管要訪問任何人，或者和任何人對話，你只需要請對方「談談你自己」就能破冰。《紐約時報》曾經專文介紹葛蘿絲，她在文中更深入解釋，「用『談談你自己』來開場，最棒的地方就是讓你能在展開對話的時候，不必怕自己會讓別人很尷尬或很不舒服。當你問了一個很廣的問題，你是在讓別人帶領你去了解他們。」

當你對面的人，覺得你很真誠地想要更認識他們本人與他們的觀點，而不是要強迫他們接受你的想法時，對方就願意和你分享更多，也會更敞開心胸來聽你說的話。

「告訴我……」不只讓你看清對方，也能讓你和對方平起平坐，邀請對方和你一起對話，滋養出真誠和信任感。

「告訴我……」也能傳遞出信心，讓你和談判對象建立融洽的關係。最優秀的談判人員都能很自在地傾聽對方、保持開放的心胸，而且不會念稿。我在哥倫比亞大學有個學生，遞出履歷表和申請工作的文件之後，每間公司都決定錄取她。她確實聰明，但並非名列前茅的書卷獎得主，這些頂尖的法律事務所通常很在意學業表現。我問她求職面試的過程怎麼那麼順利，她說她用了這個招數，請面試她的人介紹自己與他們在那間事務所裡晉升的過程。她說：「除了讓他們了解我，我也希望能盡量了解對方。他們介紹完自己和這間公司之後，我就會整理一遍，挑出重點，連結到這間事務所吸引我的地方，或我能貢獻的長才。後來有幾位面試我的人說，那是他們印象中最好的表現，因為我具備信心，可以把面試當成平起平坐的對話。我表現出自己懂得傾聽，也真的能理解他們，並且順利地對話，這讓他們相信我也能順利地和客戶對話。」

在每一場談判中，用「告訴我……」來提出第一個問題

你不只可以在不了解對方的正式商務會議中拿此當開場白，在所有談判協商的過

程中，它都很好用。

潔米是一位成功的家庭攝影師，以前擔任過社工，每次當她要替沒見過面的家庭拍照時，她的第一個問題就是「談談你的家庭」。她告訴我，「妳會很驚訝，一旦提出了這個問題，會獲得多少資訊。有些家長擺姿勢的時候很緊張，可能需要指導，有時候小孩有神經發展的問題，所以不太會看鏡頭。當我先提出這個問題，就會得到最大量的資訊，讓我更認識這個家庭，也更清楚他們希望拍出什麼樣的照片。」

同樣地，艾美是一位經驗豐富的物理治療師，她利用這句話來獲得病患的信任，定義療程的目標。她解釋，「很多人都怕物理治療。他們怕痛，或覺得手術、受傷後要復健很恐怖。所以，我在和新病患對話的時候，都會先請他們『告訴我你每天的作息』，或是『談談你自己』。如果他們說：『我喜歡閱讀，很想去圖書館，可是沒辦法出門。』好，那我們就來設定目標。獲得信任最重要，因為有信任才能一起合作。我知道他們也會更願意告訴我哪裡痛，或者覺得復健量太大了。我要能知道他們喜歡什麼、什麼動力能激勵他們。因為，如果我們把復健結合他們的興趣，就會簡單得多。」

對親愛的人說：「告訴我……」

請最親密的人說「告訴我……」需要一點練習。就算是受過訓練的調解人也一樣，有一次我很慚愧地發現，每天回到家自己都會問我先生：「今天過得怎麼樣？」有時候他答：「還不錯。」有時候，他聳聳肩就去檢查那天的電子信件了。怎麼會這樣？那是因為我問了一個徹底封閉（而且很生硬）的問題！

有一天我終於決定要在家裡好好落實自己在辦公室的老生常談，下班回到家之後，我問：「告訴我你今天做了什麼。」沒想到他就掏心掏肺了。當時他著手進行一項艱困的專案，正要收尾，但壓力很大。那天他上班時，火車誤點了，不過剛好巧遇了以前法學院的同學，有機會可以敘舊。他上午去運動，覺得自己很壯。他還說了很多。這一陣子，我不分場合，最常問先生的問題就是：「告訴我……」

我也常這樣問八歲大的女兒，而且還印象深刻有一次她的答案讓我很驚訝。那天我帶她去附近的泳池和朋友游泳。游了一整天之後，她那天傍晚哭著從更衣室走出來。我問她怎麼了。

她說：「媽媽，在這裡要和別人共用浴室，有個女生在我洗到一半的時候走進來。超尷尬！」

我想了一下，其實我心裡很納悶：「她是對自己的身體不自在嗎？我們已經到了需要更多隱私的階段了嗎？」但我當下沒說出來，我只問：「能不能告訴我，是什麼原因讓妳很尷尬？」

她氣呼呼地說：「媽，這不是很明顯嗎？」

我說：「我不確定。請告訴我是什麼讓妳覺得很尷尬。」

她翻著白眼回覆我：「我們要的水溫不一樣啊。」

「告訴我……」可以讓我們聽到伴侶或孩子真實的想法，放下成見，不要覺得自己一定知道答案。當你很真誠地問了這個問題，對方會感受到誠意，給你真正的答案。

換你了：怎麼提這個問題？

既然我們已經知道自己為什麼要問這個問題了——我們就是想要更了解對方，並且建立更良善的關係——我們就要一起來練習**怎麼問**。

你要請對方告訴你，他們對於現況的看法，而你提出問題的方式依談判類型而有所不同。根據情勢，「告訴我……」可能會有這些變化：

◆若是由你展開談判

若是由你展開談判，要先建立議題的架構，然後請對方告訴你他們的觀點。在你問這個問題之前，要先盡量簡短地解釋，你為什麼要展開這場對話，然後讓對方知道你想要聽到他們關於哪個議題的觀點。

舉例來說，布里塔妮在新創公司工作，她曾經為了討論自己的待遇，主動要求和執行長開會。她在這間公司擔任區域銷售副總已經一年了，不但能達成業績目標，還簽下許多大合約，讓公司能募到更多錢。公司準備要和投資人開會了，布里塔妮發訊息給管理高層表示，她想要討論自己的表現，並要求更多股份。所以，她的「窗之卷」對話可能會這樣展開：「謝謝您今天撥出時間來和我開會，我要求開這場會議，是因為想要討論，我在公司的進展與未來的待遇。我去年加入的時候，我們同意等一年後做出了成績，就可以討論要怎麼調整我的薪資、福利。我很滿意這一年來的成績，也很想要長期持續為公司付出，但我們討論未來之前，想請您**告訴我**，從您的觀點來看，這一年來我表現如何。」這樣一來，布里塔妮建立了議題框架，朝成功的方向前進，同時也提供了開放的空間，讓她的執行長可以分享資訊，讓未來藍圖更完整。

◆若是由別人展開談判

當你的老闆、客戶或家庭成員要求開會，而你不確定主題時，可以在會議剛開始的時候就說：「你今天找我開會，請你告訴我，你在煩什麼？」或是：「告訴我你對這場會議的期望。」

◆當你和對方同意要討論特定主題

如果你們雙邊同意要坐下來討論特定主題——例如，你的工作表現或家庭紛爭——你可以用涵蓋範圍最廣的提問「告訴我……」來進入主題。「告訴我你怎麼看最近發生的這些事」「談談你想接的那個職位」「告訴我你對這案子的想法」。有疑惑的時候，你可以很容易地運用「告訴我你的看法」來展開對話。

讓飛機降落

還記得「窗之卷」的導論中，我提過的祕訣嗎？請從這裡開始練習。讓飛機降落表示，你問了之後就等對方回答。讓飛機降落對這個問題至關重要！這是你的第一個「窗之卷」的問題，一定要寬廣到極致。

問完之後不要畫蛇添足。我看過無數人會說：「告訴我你今天為什麼會坐在這裡……那你報價了嗎？」你明明用一個很棒的開放式問題來開場，結果後面又完全封閉起來了。你應該做的是保持開放，讓對方來談談整個局面，結果後面又說你只關心數字。問題問完之後，請閉嘴。

享受沉默

我們通常都很怕沉默。我們害怕自己沒做好準備，接不住對方的沉默。我們害怕對方會因為對話中斷而備感壓力。可是「告訴我……」是一個很大、很重的問題，任何人聽到了都得花點時間來想想答案。請給他們時間。如果你會緊張，那就繼續看著對方的眼睛，維持正向的表情但在腦子裡數數。逼自己在打破沉默之前一直數下去。如果你們靠電話溝通，可以用這段時間來伸懶腰或凝視窗外。

你知道誰最需要時間來回答這個問題嗎？小朋友。我第一次問我女兒：「告訴我今天發生的每一件事情！」我就等她回答，這表示我等了十分鐘，她在筆記本裡塗鴉、在廚房裡走來走去、還開始玩夏令營做的史萊姆玩具。那時候我對自己說：「**哇，這問題沒用耶！**」可是我什麼話都沒說。

然後，資訊開始緩慢而篤定地流洩了出來。她跟我分享：她有個代課輔導員，那位代課老師經常要小朋友安靜。有人闖禍了。她午餐吃披薩。我們能不能一起做美勞作業？就像這樣，我們的對話就愈來愈熱烈了。沉默很有用。

後續追問

如果我最喜歡的問題是「**告訴我……**」，那你猜得到我第二喜歡的問題是什麼嗎？

沒錯，就是「多講一點……」。假設你已經請別人「告訴我……」，然後聽到了一大堆資訊。你因為想要得到更多資訊或內情，請別人告訴你他們對某個情況或主題的觀點。所以當你發現別人敞開心胸，就要接著把他們說的話整理一遍，然後用「多講一點……」的問題來了解更多內心的想法。

舉例來說，當你和屬下討論職場變動的時候，可以說：「所以，你想要接觸更多客戶，但也希望比之前的職位更自主。關於上一份職務，你可不可以多講一點？」當你請對方「多講一點」，就是在讓那個人繼續說下去，使你獲得更多細節的資訊，就不會用是非題來封閉對話了。

你可以想像自己到了最喜歡的水域，站在海邊捕魚。你已經撒了一張很寬的網，撈到了二十條魚，但也有一些海藻和雜物。你要花上一分鐘來分類，把不要的挑掉。我現在希望你好好看著那二十條魚。每一條都很寶貴。當你問這個問題，聽到了一些可貴的資訊，我希望你可以把每個主題都當成入網的一條「魚」。關於每個你想要更了解的主題，都要追下去，請對方告訴你更多他對於那個主題的想法。

所以，我們用例子來說明吧，假設你要我告訴你我上次去印度的經驗。我回覆說：「很棒！我們舉辦了和平高峰會，我見了很多國家的大使和印度政府機關首長與私人企業執行長，一起討論創造和平的過程中，政府與民間要如何合作。我的學生做了充足的研究，也協助我教學。我們住的旅館很漂亮，裡面有精緻的花園。我盡量每天都在花園裡待上一點時間。我也盡量每天打電話回家，但有時候我女兒累到沒辦法講電話。確實很辛苦，因為我很想她，尤其是差旅的最後那幾天。回美國之前，我們還花了幾天的時間去泰姬瑪哈陵。希望我們每年都能辦一次峰會。」

好，你剛剛聽到了很多資訊，那都是我的回應。我提到了：

．今年的和平峰會

・我的學生
・旅館與花園
・我想念女兒，因此心情不太好
・泰姬瑪哈陵
・對未來的期望

假設你之所以想進行這段對話，是想要了解我去印度的工作，那你就會挑起和工作相關的主題說，「多講講今年的峰會」，或者是「多講講你的學生在這次差旅中負責的任務」。如果你對工作無關的部分也感興趣，你可能會希望我多談談泰姬瑪哈陵。

「多講一點……」的目的是繼續開放對話，愈久愈好。有些人開場時問了開放的問題，問得很好，可是接下來就讓對話變窄了。舉例來說，你可能會要我談談出差去印度的事情，然後接著問：「峰會進行了幾天？」這真的是個很狹隘的問題，根本沒辦法讓你得到太多資訊，比不上「多講講今年的峰會」。

如果你想繼續維持對話，運用「多講一點……」來挖掘資訊，就能獲得最大量的消息，讓自己在接下來的談判過程中都很順利。

總結並請對方回饋

接下來，你要總結對方說過的話，並且要給他們機會表達意見。你可能認為，自己已經表現出願意坐下來傾聽的態度。你可能很有信心，覺得自己聽到了他們說的每一句話。但如果你想確認自己是不是掌握了所有需要的資訊，也希望表現出你剛剛認真聆聽的話，那麼請在他們說完話之後總結一遍。這表示你在第一次提出「告訴我」和接下來「多講一點」之後都要總結一遍。

各行各業的龍頭都很清楚總結的價值。我們在第三章提過的法律事務所訴訟部門合夥人史蒂芬，他的初級合夥人克雷格破壞了事務所的規定，自己寫了訴狀，記得他們嗎？當史蒂芬找克雷格來談的時候，他先問克雷格對這個事件的看法，然後把他聽到的話，總結給克雷格聽：

「克雷格，我想我懂你今天所說的。事實是：你很忙，這客戶很重要，這個領域你又很熟悉。你已經處理過數十個類似的案件了，也研究過可以適用的法條；很清楚這個案件，研究充分之後寫了訴狀，也反覆檢查過了。你沒有要隱藏任何事情，只是覺得一定要完成這件事。你覺得訴狀沒問題，如果要訴訟部門的合夥人來檢閱，當事人要花更多錢。你不想讓當事人付我們訴訟部門的人一小時九百美元，來做你已經完成的事情。」

當你總結一遍，就能確定自己已經從對話中獲得所有的資訊了。史蒂芬說，總結了克雷格的觀點之後，他以嶄新的方式了解克雷格的想法。此外，這也降低了克雷格的防備心，克雷格因此能真心接納史蒂芬要說的話。在你總結完之後，要請對方回饋他們的想法。這時候我通常會說：「這些就是我筆記裡寫到的，我是否漏掉了什麼？」當我請對方給我回饋的時候，就能保證自己獲得了所有資訊，對方也很清楚我真的很想聽他們的心聲。

史蒂芬請克雷格針對上述總結的內容提出回饋，他也照做了。克雷格補充了一些訊息——他雖然沒有諮詢訴訟部門的合夥人，但請了一位能力很強的訴訟律師一起準備——這讓史蒂芬更全面地理解狀況。史蒂芬針對克雷格補充的內容，再總結了一次，並且謝謝他的補充。這位初級合夥人知道自己的回饋意見被聽進去了，臉上表情一鬆，史蒂芬就能更順利地說出公司的顧慮。

請對方回饋意見是這個階段裡相當關鍵的最後一步，可以確定我們真的聽進也理解對方的觀點。這會讓我們朝成功邁進，想想未來的發展，知道自己要採取哪些行動。

聽出對方沒說出來的話

當你問這個問題的時候，要注意對方在回答問題、給你回饋時是否出現什麼表情和肢體語言。史蒂芬說，克雷格剛坐下來的時候，身體非常緊繃。他可以看到克雷格雙眉緊皺，雙臂交叉在胸前，可能防備心很重。當史蒂芬開始總結的時候，克雷格放鬆了一點，但身體略前傾，雙掌貼緊。這讓史蒂芬知道克雷格還有很多話想說。當史蒂芬給克雷格機會提供回饋意見，並且整理了他所補充的資訊時，克雷格首度露出微笑，身體往後坐。史蒂芬可以從克雷格的表情和肢體語言看得出來，克雷格最終覺得自己的心聲都被傾聽了。

小結

你已經學會了怎麼問一個超棒的開放式問題、後續提問、總結，並且請對方回饋意見。你的談判已經有了很好的開始。現在我們要繼續對話，產生更多想法，讓你最後可以打造出解決方案。

第七章　你（們）需要什麼？

有個電視台高階主管必須飛越美國領空，準備面對一場肯定很激烈的法律談判，因為這牽涉到她製播的電視節目。

這是一檔搞笑短劇，但節目才剛開播，電視台就收到了一棵燙手山芋：有一對夫妻自己製作了小型節目，在當地電視台播出，而他們提出商標侵權的告訴。這個小型節目已經播出兩年了，這對夫妻覺得大型電視台用了一個很類似的節目名稱，攫取大眾的注意力與光環。

大型電視台立刻改了節目名稱，但是那對夫妻不願撤訴，接下來訴訟過程很冗長，讓兩邊都花了很多錢，最後電視台的高階主管還得飛越美國來調解，找出雙方都能接受的策略。她知道公司的立場：**一毛錢都不付，我們可以上法庭勝訴**。

她帶著陣容堅強的律師軍團抵達調解會場，坐下來，看著那對夫妻和他們的律師坐在對面。她檢視了自己在飛機上擬好的計畫，看著談判桌對面，詢問那對夫婦願不願意私下對話，請律師都離場。那對夫妻看著對方，想了一下然後同意了。就在律師（緊張地）——離開調解室後，她問這對夫婦一個問題：

你們需要什麼？

這個問題讓他們既嚇了一跳，也鬆了一口氣。他們想了一下，然後對電視台主管說：「我們就是很愛自己製作的節目，那是我們的心頭肉。我們會提告是因為擔心活不下去。我們現在最需要的就是曝光。否則就要被恐懼感給淹沒了。」這位電視台主管想了一下，然後提議：要不要在她負責的其他電視頻道打廣告？她還有幾個時段當時尚未找到廣告主；對電視台來說這花不了什麼錢，但是對當地的短劇製作團隊來說，他們得到了絕對付不起的曝光量。當她說出這個提案之後，那對夫妻又驚又喜，很快就接受了。雙方順利和解。電視台的高階主管在回機場的路上，收到了那位太太傳訊息來道謝，還推薦她幾本適合在機上閱讀的書籍。

這個問題開啟了整場談判。如電視台所望，這位主管在和解方案中一毛錢也沒出，可是她的問題不只催生出調解協議。那對夫婦聽到了這位主管富有創意和合作誠意的提案之後，不但意外而且印象深刻，他們持續保持聯絡，後來還變成了好朋友。過了幾年，當這位電視台主管想要轉換跑道，這對夫妻介紹她認識他們的朋友。就這樣，一個問題改變了當時的情勢，也改變了這位主管的人生，她完全沒料到。

問起對方的需求：在談判中扭轉全局

這個故事中的「你們需要什麼？」，緩和了原本電視台主管和這對夫妻團隊間的緊張關係，我就是因為這個案例才想要寫這本書。這個過程展現出，一個簡單的問題可以把一觸即發的局勢，導引成讓雙方受惠一輩子的機運。

問對方「你需要什麼？」可以改變人生，幫你理解為什麼他們會做出那些舉動。當你知道對方潛藏的需求時，要談判就比較容易。想想上述的案件：這對夫妻的立場是，「你偷了我們的節目名稱，自己獲利。你造成了我們的傷害，你欠我們的。」大公司的立場則是：「我們沒有偷用你們的名稱，而且你也不能證實你們受了什麼傷害。我們什麼也不欠你們。」如果他們堅持各自的立場，就會有非常不同、耗費金錢且相對無效的結果。

從對方所提出的要求中挖掘出真正的需求，可以幫助雙方改變對衝突的看法，並且一起攜手解決問題。事實上，需求才是很多人展開訴訟的真正原因，並非權利。需求才是很多談判會停滯或失敗的原因，而非權利。需求才是引發很多人行動的**動機**，各方立場不同的主因。當我們找出別人的需求時，這些需求就會幫我們產生更好的方案，去解決棘手的問題。

練習找出對方的需求

你多常坐在別人面前，問他們需要什麼？你問過很熟的人，他們需要什麼嗎？對我們多數人來說，就算是經驗老到的談判人員，也需要練習才能問出這個問題，並且真正聽出對方的答案。尤其是因為隨著時間，我們經常看到身邊的人提出一樣的要求，就會以為他們需要類似的解法。只要你挖深一點，就會發現每個人的需求都不一樣。

我與哥倫比亞大學的學生經常替美國政府機構調解勞資糾紛，兩個相似的案件可能有完全不同的結果，例如兩位女性爭取升遷都失敗了，因此提出性別歧視的訴訟，從這個過程中，我們就可以看出原本問題都一樣，但是談判的結果很不同。

想像甲機構裡有兩位女性員工一起來到我的辦公室。她們的立場都一樣：「愛麗珊德拉，我是女人，所以沒得到升遷的機會。」我請第一位先進來，她重複她的立場。我們問她：「妳需要什麼？」她說：「因為我沒有順利升遷，無法負擔兒子的醫藥費和特教療程。」

她需要的是錢。當然她也有其他需求——任何家長都懂，只有在知道自己已經盡力提供小孩最好的環境時，才能安心入睡——但她在這裡最主要、具體的需求是錢。這場談判的結果很可能是用錢和解。

現在換第二位女性了。同樣地，她先說明自己的立場：「我是女人，所以沒得到升遷的機會。」我們問她：「妳需要什麼？」她說：「我需要阻止同樣的事情發生在其他女性身上。」她的需求和第一位截然不同；她需要組織變革。對這位當事人來說，我們可能會提供她職場性別平等的主管訓練計畫。兩人有類似的立場，不一定表示她們有一模一樣的需求。

挖掘潛藏的需求可以在感情中創造奇蹟。如果你的伴侶好幾年來都一直說：「你從來不記得上床睡覺之前，把水槽裡的碗放進洗碗機！」很可能你的回應是：「我明明昨天就有啊——而且，我也累壞了！我拿垃圾出去倒，還陪小孩寫功課。你還要我怎樣？」

同樣地，這場爭執的重點是要求。當你提出問題，著重於對方的需求，你可能會聽到完全不同的回應。我曾經陪一對夫婦經歷這過程，結果發現很重視水槽乾不乾淨的那個人，其實需要的是隔天起床時安心、和諧的感受。這就是水槽的作用。如果她看到了乾淨的水槽和流理台，就能放輕鬆、深呼吸，展開全新的一天。她的伴侶這時候才知道，原來太太不是要控制他——而是要控制自己的焦慮感。接下來，她的伴侶也發現了如果晚上特別忙的話，他需要一些彈性。兩人討論了自己的需求之後，他們發現如果要折衷，那麼要先清理水槽，垃圾可以隔天再丟。他們也更理解對方，家庭生活因此更愉快、和諧了。

找出潛藏的需求可以幫助我們避免在談判中互相廝殺，開發出創新、可持續的方式來解決每個人的問題。絕對不要誤以為別人的要求聽起來很耳熟，就很知道別人需要什麼。

換你了：問起別人的需求

你已經運用「告訴我……」來盡量展開對話，並且傾聽對方的答案了。現在你準備好要問：「你需要什麼？」

你可以自由地依照談判狀況來調整這個問句。例如，假設你要面對連鎖超市的採購人員，推銷你的家飾產品，你可以問：「你需要賣方提供什麼？」或是：「你需要從這份合約中得到什麼？」如果你在和配偶協調家庭預算，不確定要不要訂高價的度假行程：「我們在考慮各項開銷的優先順序時，你需要什麼？」如果你和浴室裝修承包商坐下來：「你和屋主建立共識的時候，需要什麼？」或：「你需要什麼才能完成這項工作？」

讓飛機降落

就算是經驗豐富的專業人士，或是在一起很久的伴侶，要他們運用開放的問題去了解對方的需求時，也會很遲疑。因為，這樣的問題感覺比我們平常會問的更深奧、可能會產生更多風險，而且很不一樣。我看過很多談判人員問了這個問題以後，就接著一大串句子，像是讓飛機盤旋在機場上方不降落一樣，比方：「你需要什麼？我覺得我們剛在一起的時候，你想要……」「你需要什麼？我們要不要把這筆錢挪去……」其實問這個問題的時候別擔心，也不要加入自己的評判，更不要覺得你比對方懂。勇敢一點。問了這個問題就能讓飛機降落。

享受沉默

然後，留一點空間讓對方能靜靜地想著要怎麼回答你的問題。

後續追問

有時候當你問起別人的需求，可能會得到很簡短或很模糊的答案，這時你就必須追問，但別提出一個很狹隘的問題，更不要說出你想怎麼解決問題！你才正準備要開始接收大量資訊，不要砍斷資訊流。這時候，你可以回想起我的印度之旅，然後說：「謝謝你，可不可以請你多講講？」

很多人都在後續追問的時候搞砸了，他們記得要提出大問題，可是在追問的時候就鬆懈了。這時候你可以試試萬用的「多講講」。如果你問了：「你需要什麼？」而對方說：「我不知道。」這時候「多講講」特別好用。當你運用廣闊的問題來蒐集更多資訊，不妨協助對方釐清想法，你可以說：「好，你不太確定你需要什麼，或許可以跟我說說，你現在有什麼想法。」然後再度享受沉默。

當你問了這個問題，對方的需求通常可以分成兩類，這和前面的練習很類似：有形和無形的需求。我們來談談碰到這兩種需求的時候要怎麼繼續下去。

◆面對無形需求

你問了一個和需求有關的問題。我們從研究和經驗中知道，當你提出關於需求的問題時，就會得到很多深入、重要的資訊，讓衝突迎刃而解，讓合約順利簽訂。不過很多需求都無形（相信你已經在第二章理解了這一點），這表示無形需求是一種概念，並不具體，所以我要運用重要的追加問句，就像你在第二章的練習一樣，接著問：**那是什麼樣子？**

「那是什麼樣子？」可以協助對方更真實地感受需求，並且描繪出來。這可以幫助他們望向未來，想像他們最想看到的畫面。最後，這個問題可以打開你們之間的那扇窗，讓你獲得重要的細節，這可能是打通出路的關鍵。當你提出這個關鍵的問題，就是在幫談判桌對面的那個人，把他們的需求帶到具體的現實世界，讓你獲得有用的線索，知道你們之間的問題可以怎麼解決。

有個健身教練和她的學生坐下來，她們已經合作了約一年，這個學生是個專業人士，很投入瑜伽課，不過她的飲食經常受情緒影響，四十歲之後愈來愈挫折，因為不管她再怎麼努力，體重機上的數字都一直增加，衣服也不合身了。她剛開始和教練開會的時候，就提到自己的目標是要瘦十公斤。她吃很多高品質鮮食，也定期上健身房——盡了一切努力想達成目標。她開始吃得更健康，瑜伽課也不上了，每週勤奮地健身五到六次，包括重訓。可是，體重機的數字似乎不願意降下來一點。這數字愈是停滯，她就愈認真。最後，她對教練表達了自己的沮喪和絕望——教練便立刻安排了會議。

這次，教練用了個不同的方式。她請學生先不要想體重的事情，先回想自己需要什麼。她馬上就回答：「我需要感覺自己更健康、生活更平衡。」教練回覆說：「很好。妳需要感受到健康與平衡。那是什麼樣子？」這個學生想了一下，然後說：「不知道耶……我覺得自己需要多休息，我也很想念瑜伽課，這是我保持精神愉快的方式，現在用其他活動來減重，卻讓我覺得更累。工作、買菜、運動、照顧小孩都讓我好疲倦，我發現自己半夜會吃東西，結果更睡不著。」

這個教練和學生這時得到了往前進所需要的資訊。因為問了這個問題，教練協助她的學生找到了內在的智慧，自己診斷出問題根源。她們一起把重點放在休息與平衡上，設定了更早就寢的時間，並且想出更能放鬆的夜間作息，兩人一起減少了客戶吃宵夜的機會。同時也重回瑜伽課，協助她在瑜伽與心肺運動間平衡。她們還腦力激盪，想了一些簡單備餐的方法，來減少這個客戶的負擔。少了壓力，又恢復了平衡之後，這個客戶開始感覺好很多，也慢慢地、持續地減輕體重了。這一切都是因為提出了一個問題，協助教練和學生自己描繪出健康與平衡的樣貌，讓她能達成目標。

我很喜歡「那是什麼樣子？」這個問題，也會在各種談判場景中提出來——但很多談判人員根本不知道有這個問題。或者他們可能知道，卻問不出來。為什麼？因為，他們還沒有從對方身上得知自己需要什麼，而你已經練習過了。你在這裡就可以看出來，之前的功課都有它的用意，當你用廣泛的問題提問，並且認真傾聽對方的答案，這一切都會發揮作用。

運用這個問題的時候，要先回溯對方所說的需求，然後問他們那是什麼樣子。舉例來說，如果有一間麵包店生意非常好，而你這時對老闆說：「依蘭，我剛剛聽妳說，妳目前最需要的就是在工作的時候，專業得到肯定，那是什麼樣子？」然後你就可以把她說的話重複給她聽，並且用「還有呢？」來獲得更多資訊。所以當依蘭回覆你的時候，她或許會說：「我希望我們店裡的麵包師父可以按照我的方向來開發產品，不是只對我點點頭，然後就去問我老公。」這時候你可以說：「好，所以妳想要確定，當妳提供麵包師父建議的時候，他們會先採取妳的意見，不需要和妳先生確認。在工作的時候得到肯定，還有什麼樣子呢？」

這個問題很開放，對溝通很重要，因為這讓你可以更深入地挖出對方怎麼看待他們的未來（而你或許也身在其中）。我們在這裡一定要抗拒衝動，不能補充狹隘的後續問題。這些問題通常會反映出我們的**預設立場**，我們對於現狀和對方可能有一些成見——這可能和事實相距甚遠。如果你女兒現在十幾歲，她說想要在家裡有更多自由，那你就不要衝動地說：「自由是什麼樣子？等等，妳該不會又想要新的iPhone了？」我自己也有個十幾歲的女兒，我經常猜不透她腦子裡在想什麼。管教自己好好聽她說話讓我們更親密，我也因此更清楚她是什麼樣的人、正在成為什麼樣的人。

如果你正在和很會打槍你的人談判，這問題也很重要。這種人就是不管你提出什麼想法，他都會說「這沒用」，卻又提不出任何正面的建議。你一定碰過這種人。當你用「有效的解決方案會是什麼樣子？」等問題把球丟給他，然後耐心地享受沉默，你就是在逼他——咳咳，邀請他——來主動參與尋找解法的過程。

◆面對有形需求

如果你問了這個問題之後，對方說出有形的需求（例如「我需要你每個禮拜打電話報告結果兩次」），那你就知道要怎麼接下去了：「請你協助我理解：是什麼讓你覺得每個禮拜打電話兩次很重要？」

對方一旦說出有形的需求，我們就可以用後續提問，更深入了解有形需求背後的無形需求。

同樣地，不要問：「為什麼這很重要？」而是問：「是什麼讓……？」或者用：「告訴我……」特別是，如果以前溝通很困難，或者是讓人很不滿意，**為什麼**會直接引爆衝突或讓人覺得侵略性很強。社工很少提出**為什麼**類型的問題，因為他們想要建立信任感和默契。舉例來說，你可以比較一下：「你明明知道我們現在錢很緊，為什麼還不取消高爾夫球會員證？」和「是什麼讓你覺得高爾夫球會員證很重要？」就能看得出來哪個問題比較可能產生有建設性的答案。

這樣一來，要是同事請你每週以電話回報兩次進度，他就能講清楚電話報告的意義了。是需要電話報告，他才能更清楚地和董事溝通嗎？還是他需要更強烈的參與感和安全感，清楚掌握目前的進度？我們要盡量釐清，他們列出的有形需求底下有哪些真正的需求，這樣你才會知道他們想解決什麼問題，然後找到潛在的解決方案。如果他們說需要你電話報告，這樣才有參與感，但你知道就算一週以電話報告兩次也沒用，這時就了解要怎麼找出新的方向前進了。最終，當你把對方說過的話整理一遍，並給他們機會提供回饋，就能肯定對方需要參與感，描述電話報告的難處，再問他們有什麼想法，或是提出你的意見，這樣你們就能一起著手滿足這項需求。

另一個例子則是在紐約的財星百大企業工作的一位副理，她到職一年後，公司要求她再負責另一個單位的業務。這次升遷不會改變職銜，可是新角色會讓她更受矚目，而且她會因此需要常常飛到西岸。她和公司來回討論薪資很多遍了，滿快就確認出公司願意給付的上限（她也打聽過，確實沒辦法更高了）。她對公司說，自己需要獲得更多價值，而公司的回應是：「我們聽到妳的心聲了，但這個位置的薪資已經談到上限了。我們還有其他方式來讓妳獲得更多價值嗎？」這位副總想了想。她想要這份新職務，但這表示她要經常出差，無法和丈夫作伴。她每個月要出差兩次，每次一週。她回頭問公司，可不可以讓她先生每個月陪她出差一次，由公司負擔他的機票、住宿和日支。這個「價值」來自薪酬以外的另一桶金。公司很快就答應了，她要到了。

如果你知道自己沒辦法滿足對方的有形需求，發現有形需求下的無形需求則是個很棒的策略，接下來（在你問完這些問題之後！）就可以問對方，還有什麼其他方式可以幫他們滿足需求。

總結，並要求對方回饋意見

提出問題之後，尊重對方的靜默，然後追加幾個更開放的問題，這時候要把你聽到的話重複說給對方聽。總結一次對方的話可以確保你把對方的訊息都聽進去了，而且自己也消化完了。當一個人的需求被別人聽見的時候，會產生某種淨化的效果。

我的恩師利布曼曾教我練習傾聽，把學員分成好幾組，聽別人描述他們當時面對的衝突。他們說完之後，另外一組人必須總結這些人的需求。我在近期為民權律師舉辦的訓練中，也進行了這個練習，訓練結束之後，那個部門的主管把我拉到旁邊說：「愛麗珊德拉，我知道你來這裡訓練我們調解，但剛剛我經歷了更震撼的體會。我正在處理一場很棘手的職場衝突，經常讓我夜裡睡不著覺。我發現有人確實**聽見**我的需求，並且替我總結出來之後，我打從心裡鬆了一口氣，從來沒有這麼寬心過。這就好像有人幫我加滿油，而且把問題都解決了。我現在就要回我的辦公室去解決問題！」當對方感受到自己的需求被聽進去，而且經過整理之後，他們就會覺得自己受到尊重、被別人在乎了。

總結別人的需求也會讓他們獲得原本不知道的訊息。安潔雅曾經和她弟弟查德起衝突。查德有陣子財務困難，安潔雅替他買了一間公寓，並且讓他到她的公司工作。她說她很後悔；查德交了一個女朋友，這個女生不但有傷害罪的前科，以前也進行過非法金融交易，而查德買了他絕對付不起的車子，還想要把他女朋友帶到安潔雅的公司來任職。安潔雅說，她的公司要維持零汙點的名聲才能有強健的體質，她最後說：「我認為我必須要退一步，不要再和他往來了。」

我這時替安潔雅總結說：「妳說妳很後悔把查德帶進自己的公司，而且名聲對妳很重要。我想妳是否需要在公事上也和他保持距離？」

她點點頭說：「我不願意去想這件事，但我必須想清楚。」總結對方的訊息可以給你力量，也能給聽者鼓勵。當你被迫用另一種方式去傾聽，就會更理解對方究竟說了什麼。我們常常在聽別人說話的時候，只用了一半的注意力，或者透過我們自己的經驗去理解，但當你傾聽是為了真正理解對方說的話，而不只是為了回應時，就能用不同的方式聽得更仔細。

你也可以利用這個機會，在總結的時候測試自己的理解是否正確。如果你認為自己聽到，客戶需要更頻繁地用電子郵件溝通，但他們實際上只需要你在人事變動或任務變動的時候溝通，那這個差別就很關鍵了。總結可以讓你有機會確認是否聽懂對方要你聽進去的話。

總結之後一定要請對方提供回饋。意見回饋才能讓你知道自己做得好不好。不要問：「我搞懂你的意思了嗎？」因為這麼做就是拿釣竿，這是單純的是非題。請對方提供回饋的時候，應該要讓對方知道你很尊重、歡迎他的回饋意見，所以你要問：「我整理得怎麼樣？」或甚至：「我是否漏了什麼？」然後，投注完整的注意力和所有的耐心給對方。

聽出對方沒說出口的話

有時候當你提出這個問題，他們會很直白地說出自己的需求，但有時候，要挖掘出對方的需求，除了要仔細聽他們話中的意思之外，還要留意對方的肢體和表情。舉例來說，如果我在總結完之後問對方：「我說得對嗎？」然後當他們的語調中透露出質疑或不情願，或是皺眉了、搖搖頭、往下看時，這些都表示我遺漏了、沒注意到一些事情。這時候，我通常會說：「看起來好像我漏了什麼——請你告訴我，我要怎麼做才能更理解現在的狀況。」

你問對方有什麼需求，也協助他們以更具體的方式表達需求，或是把有形的需求連結到更大的訴求。你總結了對方說過的話，也請他們提供回饋了。你尋找了肢體溝通的線索，並且請對方盡量敞開心胸來溝通。

現在我們要進行下一個問題，我會教你一個簡單有效的方法來問出對方的情緒，而且「不需要用到諮商師的沙發」，就像你自己在第三章做的練習一樣。

第八章 你有什麼顧慮？

勞吾走進老闆辦公室時，很怕被修理。他原本負責國內業務，但六個月前想要新挑戰，所以主動申請國際部副部長的職位，後來也獲得任命，負責國際部營運。他是一個年輕、有活力的領袖，管理風格很能激勵新世代員工。而國際部部長做了副部長一輩子，等經歷晉升為整間公司的執行長時，他才升為部長。

勞吾一上任，就感受到管理國際部的挑戰了。全球經濟波動衝擊了國際市場，而公司儘管在產業裡立足已久，也得面對新對手強勢的競爭，所以撐得很辛苦。在開會前一週，公司財務長召見了新官上任的勞吾和他的主管，會議氣氛很緊繃，財務長看著人事表，問他們為什麼國際部需要一些國內部沒有的職位。他們安靜了一下，然後勞吾說：「這是個好問題，我來研究一下。」

勞吾後來在回想這段經歷的時候，跟我說：「當時，在我和艾亞交換意見以後，我發現老闆用一個我不能理解的表情在看我。剛開始前還好，可是接下來的那個禮拜，他和我的溝通變得很短促，也沒有以前那麼頻繁。不太對勁……好像我的回應讓他受傷了。」他繼續說：「所以我去他的辦公室找他，我真的很想問老闆他有什麼感受，可是也不敢那麼直接。我覺得這樣會讓他起防備心，就好像我懷疑他很情緒化一樣。所以我就說：『可能是我想太多了，但我覺得我們上週和艾亞開完會之後就不太對勁。我想理解你的顧慮。』」

勞吾的老闆打開了心房。他說勞吾的工作表現很棒，但他必須要感覺到勞吾屬於他的團隊。部長對自己的屬下非常忠誠，很多人和他一樣都是在國際部長大的（和勞吾不一樣）。他希望勞吾可以幫他，向財務長清楚地說明國際部獨特的需求，或者甚至在他們共同擬出策略之前先保留意見，而不是馬上就想著要裁掉國際部的同仁，國內部不需要這些職位並不代表國際部就不需要。部長在說話的時候，勞吾聽著他懇切的口氣，發現了另一件事：以前的國際部部長存在感很強烈，他是個直率的指揮官，而現在的新部長是個內斂的長官，他擅長數理資料和數據，但是在人際互動上比較含蓄。勞吾在傾聽他說話的同時，發現了自己能擔任副部長就是要和部長互補——兩人要齊心才能有效互補，否則，人家會覺得他自己想要當部長，可是他其實沒這個企圖。他在這個職位上學到了很多，他想要繼續負責營運，沒有想要把整個部門都扛下來。

勞吾總結了老闆的顧慮，並謝謝他如此坦誠。他也感謝老闆願意給他機會，讓他擔任副手，並且讓老闆知道他學到了很多。他們一起合作，讓財務長明白國際部員工的角色，並私底下擬了應變計畫，以免公司堅持要裁員。他們還規畫了未來和財務長互動的方式。部門裡面的氣氛好多了，他們又回到同一艘船上了。

開口問出別人的顧慮

你在談判中的下一步，就是要問對方的顧慮。在所有談判中，聽出對方的顧慮都會對你很有幫助。不只可以協助你獲得談判所需要的關鍵資訊，還能讓對方強烈地感受到自己的心聲被你聽見了。問別人有什麼顧慮，最能讓你理解對方在意的點，並且講出他之所以到現在都還沒有順利合作或簽約，究竟是因為他對你或你的公司有哪些隱憂。大部分的人都不會直截了當地和你分享他們的顧慮，大家往往不說，讓談判無解，或是把生意給了其他人。當你問起別人的顧慮，你就給了自己順利談判的最佳機會。

其次，問起別人的顧慮也是一個讓你滿足對方需求的好方法。這在你們第一次見面的時候特別好用，爭取新客戶的時候也很適合。這個問題可以協助你發現對方還沒有被滿足的需求，你便能好好說明自己將如何滿足他們的需求。

最後，理解對方的顧慮可以讓你發現他們對於現況的真實感受，不必和他們談「感受」，也不必讓他們在討論過程中有任何不安。

點出協議過程的障礙

點出別人對你或你的提案，有哪些潛在的顧慮，可以幫助你消弭協議過程的障礙，也能讓你知道為什麼還沒和對方達成協議——他們猶豫不前的理由是什麼。很多時候，我們的客戶、配偶或同事都不會清楚說出他們的顧慮，他們可能會等待許可的訊號，確認沒問題才說出口。你如果不問，他們就不說，這樣你們就沒辦法建立共識了。所以你必須要邀請他們——而且方法要正確。

有一間公司曾經邀請我去演講，他們從來沒找外部講者來輔導他們談判，只依賴內部的訓練人員。當我們討論到我空降來開課的情況時，我就直接問對方：「我知道你們內部有自己的訓練團隊，那麼你們找外部講師進來的時候，有哪些顧慮？」他們真的放心地嘆了一口氣說：「我真高興妳問了這個問題，」一高階經理在電話上說：「以前，我們的顧慮很多，其中一個是價格，還有我們能不能讓管理高層理解這筆開銷的用意。其他考量包括了員工的感受。因為我們通常只用內部訓練團隊，我們不希望他們覺得自己的價值被低估了，或者讓員工誤以為這個團隊不夠好，所以我們才得從外面找知名的講師。」

這份資訊協助我為這間公司架構出專屬的提案，來符合他們的需求。我在裡面提到我訓練的每一間公司都有內訓團隊，這樣管理高層就可以告訴員工說，多數的企業都覺得請外部專家來傳授談判技能有相當的價值。我也在提案中清楚條列為什麼許多企業會選擇請外部談判講師來訓練他們的內訓人員——因為這樣的訓練可以幫助所有人，包括訓練人員，他們可以更上層樓、精益求精。我還讓管理高層知道，我會如何讓內訓團隊融入課程中，這樣我們就能在教室裡讓大家看出他們的專業。我問出了他們的顧慮，所以才能得到寶貴的資訊，成功談成這堂課。

問別人有什麼顧慮，除了能讓你點出協議的障礙，也能建立默契並鼓勵對方敞開心胸、開誠布公。提出這個問題的當下，就能展現出你擁有足夠的信心面對各種顧慮，而且你很在乎這份提案到底適不適合對方。有一位成功的藝品採購人員跟我說，她這幾年建立起了口碑，就是因為她可以聽出客戶的顧慮。如果藝品不符合客戶的考量，她就會建議他們不要買，儘管她因此賺不到佣金。她會叫客戶等待更符合他們需求的藝品出現，因此，她贏得了客戶一輩子的忠誠——和高額佣金。

點出還沒被滿足的需求

問別人有什麼顧慮，可以幫助你理解他們有哪些需求還沒被滿足，或者對方無法接受現況的理由。如果你要搞定新客戶或新案子，一定會想知道上個案子為什麼不合他們的意。所以你可以問：「之前的那份合約讓你有哪些顧慮？」這樣一來，你就可以更理解他們重視哪些事情，也會很清楚他們的需求，能夠讓對方更滿意。伊莉莎白是保險仲介，她的客戶都是擁有大企業或許多房產的家庭。有一天，她和她的團隊走進會議室見潛在客戶，這個家庭有很明確的保險需求，伊莉莎白當然想要做成生意。這家人本來都和別人買保險，也表示原有的方案「很不錯」，可是他們既然來開會，肯定有原因。伊莉莎白的同事先介紹他們的公司，也提到了他們能提供的各種方案。伊莉莎白一直在觀察這家庭、評估狀況，這時她中斷了簡報，問對方一個問題：「往下討論之前，我想要先確認我們能回應你們的需求。請問你們對於目前的狀況有哪些顧慮？」

這家人說，他們覺得目前那個保險仲介所提供的服務不夠好。伊莉莎白總結了他們的回應後，繼續問：「所以對方提供的服務不符合你們的需求。這部分可以多講一點嗎？」他們於是講得更仔細了。他們當時合作的保險仲介只是兼職賣保險，有時候他們想連繫對方，可是卻聯絡不上——他們得等上好幾天才能得到協助。他們感受不到有專人在關心、照顧、重視他們的顧慮。

保險仲介通常會把各種看起來很像試算表的提案，攤在潛在客戶面前，讓他們看到不同的方案，還有一大堆數字。可是那場會議到了最後，伊莉莎白提出的服務方案讓這家人知道自己會備受重視，例如當主要窗口不在的時候，就可以聯絡代理人。伊莉莎白一寄出方案，這個家族的發言人就打電話給她說：「哇，這和我們平常看到的很不一樣，我從沒見過這麼重視服務的提案。」那家人把所有的業務都轉到伊莉莎白的公司。伊莉莎白的提問，不只幫助她做成了這樁生意，還贏得了整個家族的信任。伊莉莎白幾年後換了間公司，那個家族還打電話給她說：「我們會跟妳走。」

找到對方感受的根源

要問別人有什麼感受，又不要提到「感受」這兩個字，最有效的方法就是改問：「你的顧慮是什麼？」我們都知道感受對於化解衝突、達成協議非常重要，但很多人不管在職場或感情裡，只要一聽到「感受」，反應就很激烈。不管是你的同事、不熟的人，或是和你起衝突的人，要開口問他們有什麼感受，又不能挑起對方的防備心真的很難。很多人在談判中被問起自己有什麼感受時，往往都還沒準備好面對情緒。更糟的是，有些人還會用比較封閉的方式來問——「你是不是對我不滿意？」——這充其量只能給你很稀少的資訊，還容易把對話給澆滅火。當你問別人有什麼顧慮的時候，其實是給了他們一個開放、安全的提示，讓對方來談談感受。

想想勞吾的經歷。他察覺到自己和老闆的關係不太對勁，他大可以直接針對財務長的問題來和老闆討論，可是這樣並不能解決真正的心結，也不能滿足執行長的心願，讓正、副部長互補。勞吾問起對方的顧慮就是在鋪路，讓他們能點出問題的根源，而不是在搞不清楚問題的情況下空轉。因為他們解決了根源的顧慮，修復了工作關係，因此也才能提出方案來和財務長對談。

名人健身教練歐藤跟我說過，她曾經點出學生的顧慮，因此能和他們順利溝通，針對對方的目標設定進度。歐藤的學生中有幾個很受人矚目，而她為他們量身訂製訓練與飲食計畫，協助他們減重。有一天，她用這個問題來和其中一位學生溝通，這個客戶事業有成，約三十多歲，體重超標，需要營養和健身計畫才能變得更健康。歐藤說：「有一天，我們在健身時有了重大突破。因為他體重真的超標太多了，他超過兩百公斤，所以要運動真的很難。在那之前我們只是動動身體而已。不過那天我請他做一個動作，然後就發現，他做的時候帶著憤怒。我們愈做，他就對自己愈生氣、愈沮喪——當你更生氣、沮喪的時候，動作就更容易跑掉，表示你沒有使用正確的肌肉，這樣會受傷，所以我得讓他停下來。我問他：『怎麼回事？你在煩惱什麼？』他說：『我氣自己做不到。』我接著說：『我覺得你不是在氣這個。』然後我們就坐下來。一分鐘後他說：『算了，我不要繼續做了。』但我對他說：『你不可以走出去。坐下來，告訴我你在煩什麼。』然後他接下來說的話讓我們兩個都嚇到了。他很小的時候就失去了雙親，是給爺爺帶大的。他十歲的時候，有天上午走進房間要準備上學，卻發現爺爺已經斷氣了。因為這樣，他必須在寄養家庭待上一年多，同時處理許多創傷。那裡有很多小孩，寄養家庭的家長晚上會把冰箱鎖起來，他們只有特定時段才能吃東西。」

歐藤說創傷讓他和食物建立起很惡劣的關係，導致多年以後，他三十幾歲的時候，在健身房發的那頓脾氣其實是來自失去爺爺的悲傷，其中還包括了進入寄養家庭的情緒，他的飲食需求沒有受到重視，那幾年都壓抑食欲，所有的情緒都在那當下浮出水面。歐藤還說：「他把情緒都清空之後，我們繼續健身，因為我們已經點出了真正的功課。問起他的顧慮讓我們都能明白他在氣的不是那個跨步蹲或體重——而是在表象之下有更沉重的理由。點出這一切幫助了他，也幫助我們回到正確的方向，朝他的目標前進。」歐藤運用了一個開放的問題來和學生溝通，讓學生能繼續朝更健康的未來努力。

如何提出這個問題？

接下來，我們將討論如何有效地問出別人的顧慮。我會給你一些小祕訣，讓你能搭建舞台，然後面對問完問題後對方的各種反應。在你正確地總結別人的感受之後，假設對方還沒準備好要面對真相、聽你說出自己的感受，我也會協助你進行下一步。我會提供你一些策略，讓你在總結對方的答案之後，可以面對他們的反饋。

讓飛機降落

這個問題可能會讓你很緊張，不敢讓飛機降落。要問起別人的顧慮就是在邀請對方告訴你，他們在哪些地方和你沒有共識，或者說出一些你可能不想聽的話——或者他們的答案可能會讓你覺得自己根本沒準備好。加油，提起精神！

首先，或許對方在意的根本不是你，而是其他人、其他事。能搞清楚這一點，不是很好嗎？再來，如果對方有所顧慮，能搞清楚總是比懵懂無知好吧。理解對方的顧慮，讓你有機會可以談談他最在意的點，然後談成合約，而不是讓對方心中的隱憂毀了你的談判。不要瞎猜，也不要迴避。把這個問題提出來之後，就讓飛機降落。請記得，只要按照我建議的方法來問，甚至不必準備好要怎麼立刻回應對方的顧慮。你有時間可以蒐集資訊、擬定計畫。

享受沉默

在你提出這個問題之後，請享受接下來的沉默（或至少讓對方有沉默的權利）。任何人聽到這個問題都至少需要想一下才能回答。不要覺得快吸不到氧氣，就馬上跳下去多講幾句話——氧氣很充足，而且充滿機會。沉默之後所出現的答案可能會改變你的認知，或許這個人和這場談判都和你想的完全不一樣。

後續追問

當你問起別人的顧慮時，可能會挖掘出他們的感受或還沒被滿足的需求，這可能是他們之前沒告訴你的資訊。舉例來說，伊莉莎白問潛在客戶有什麼顧慮的時候，他們說需要更好的服務。這時候要追問，並且更了解對方的需求，最好的方式就是總結（見下一頁），並且和她一樣問：「你可不可以多講一點？」這樣一來，你就能幫助他們

（和你自己）更具體地理解這些需求，才能在談判過程中直接處理。在這個例子中，伊莉莎白發現提供更好的服務，代表有人能馬上處理他們的商務需求。

總結，並請對方回饋意見

同樣地，你問了這個問題，並聽到對方的答案之後，一定要總結一遍。當你把聽到的話重複說給對方聽，讓對方有機會可以想清楚，你就是在幫他們（和你自己）聽清楚他們說了什麼，並且加以補充或修正。最後，總結也會幫助對方了解到你很重視他們的顧慮，所以你願意花時間理解他們。

聽出對方沒說出口的話

請在運用「窗之卷」的問題時，注意對方的肢體與表情，但是當你問起別人的顧慮時，一定要仔細聽他們沒說出口的話。有時候這表示你要聽懂弦外之音，才會知道對方到底在煩什麼。當你問起別人的顧慮時，注意言詞以外的溝通方式至為關鍵。大部分人在談判的過程中，不會輕易鬆口說出自己有什麼顧慮，除非對方直接邀請他們講內心話——有時候還要邀請很多遍。我根本不記得到底有多少次，我問對方這個提案他們會不會接受，他們竟然**搖著頭**，說會！聯合國副祕書書長賽斯跟我說，問起別人的顧慮在外交談判中極端重要，不過對方通常不會明說。「你必須要詮釋這個人的情緒語言——很可能不是文字，而要從我說的『身體之眼』，去觀察這個人對議題真正的感受是什麼。」

所以，當你問對方有什麼顧慮的時候，要特別注意他們的肢體語言和細微的用字遣詞等線索，這些可以讓你知道，他們還有哪些顧慮沒有說出口，或是他們為何不願分享心中的想法。如果有這種狀況，我的回應方式會是：（一）以尊重的心情記錄我觀察到的言語和非言語溝通方式；（二）表達我很尊重對方與他的觀點；（三）重問一次問題。

身為調解人，我經常問起別人的顧慮。如果他們聳聳肩，低著頭說：「好，沒關係。」這個「好」的意思對我來說，就是「沒有很好」，聳肩則可能代表他們已經快要放棄了。我可能會回應：「你嘴巴上說這樣很好，可是你的表情卻不是這麼一回事。你才是目前負責做決策的人，我不是，所以如果你有什麼顧慮，我很想理解。我是否遺漏了什麼？」他們都很珍惜這個問題，然後補充許多我第一次沒聽到或沒聽懂的資訊。

就算是你最親愛的人，不管是家人或伴侶，他們都可能對自己的顧慮有所保留，說不出口可能是因為恐懼或怕難堪。我弟弟和弟媳婦最近生了女兒，在她出生後，在我們第一次的家族聚會上，我可以感受女兒她當了整個家族的獨生女很多年之後，無法適應大家把注意力都移轉到新生兒身上。我趁著比較安靜的時候，問她有什麼感受，她說：「媽，沒事！我很好。我只是坐車過來有點累。」我繼續嘗試：「我知道妳說妳沒事，可是妳的表情看起來有點難過。如果有事情讓妳煩心，就算是小事，也可以跟我說。」這次，她縮進我懷裡討抱，緊抱著我說，她很喜歡小表妹，可是覺得對大人來說，她好像從此不重要了。我們認真地談了一會兒，我和她分享自己的經驗，我在家中是老大，所以每次有小孩出生，都會有種被冷落的感覺。傾聽出她沒說出口的話，並邀請她打開心房就是在鋪路，讓我們可以心連心。

那如果你問了這個問題，結果碰到了一些阻力呢？假設我問別人：「你在煩什麼？」然後他們把椅子往後一推，雙臂交叉在胸前說：「我不知道你在講什麼。」這表示或許他們啟動了防備，可能他們擔心你會讓他們很不自在。（請注意他們可能在經歷兩種最糟糕的情緒：恐懼與愧疚。）我們在「鏡之卷」提到感受的時候，我先說了自己的故事，然後請你講個你的故事。如果碰到了阻力，你也可以試試這個方法，就像勞吾一樣，他說出自己的顧慮，再請老闆說出他的顧慮。所以這時候我可能會說：「我覺得剛剛的問題可能問得不好。我換個方式：上禮拜，我很擔心我們相處的狀況，我很在意是不是出了什麼錯，但我不知道問題在哪裡。我非常重視你的意見，如果有任何事情讓你煩心，我都願意聽。」當你尊重對方的遲疑，並表示你的謙虛，你再問一次的時候很有可能會更成功。

如果對方還是堅持表示有顧慮，我就會先喊停。他們或許還沒準備好要告訴你。這時候，我們應該努力建立默契。你可以閒聊，或改問接下來的兩個問題，這兩個問題都能帶來更正面的感受，等時機適合的時候再來問問看對方的顧慮。

第九章　你以前是怎麼成功處理這種問題的？

瑞秋和尼克五年前大學畢業，已經交往了兩年，同居了半年。他們剛開始交往的時候，經常參與戶外活動，週末去爬山、健行，兩人也會一起下廚。他們都覺得自己從來沒有這麼幸福、快樂過。兩人的家庭背景很相似，許多人生觀也相符。雙方都覺得未來會和對方步入婚姻。

瑞秋是公關，工作繁重；而尼克是自己接案的平面設計師，工作時間很穩定。在這份工作之前，瑞秋在一間很穩定的美妝企業，擔任公關經理三年多，上班時間規律，但沒什麼發展的機會，後來她來到這個新彩妝品牌擔任資深公關經理。瑞秋到了新公司很興奮，公司銷售的彩妝產品都是她自己也願意用的，可是這份工作很快就吞噬了她的人生。這間公司成長得很快，所以出現了各種你想得到的成長痛：人員流動、策略調整。除此之外，瑞秋的經理才做了兩週就無預警離職了，他們補到人之前，瑞秋必須接下她的職務。她原本不需要出差，後來變成每個月要出差一次，現在幾乎每週都要出差。但其實衝擊最大的是文化差異。她不只週間得花更多時間在辦公室裡，晚上和週末也要回訊息、電話，並應付各種要求，還得參加「火災演習」。她的執行長個性古怪，會要求員工立刻回應，有時候說話不算話，還時常大吼大叫。瑞秋經常覺得壓力很大。就算那天晚上沒有訊息，瑞秋也會擔心自己錯過了什麼突發狀況，所以她和尼克一起看電視的時候，也一直在檢查手機。

尼克愈來愈常抱怨瑞秋沒有自己的時間，一提到瑞秋的工作，尼克就翻白眼，或是講些很傷人的話。他們兩個都開始覺得無法交心了。週末活動愈來愈少，幾乎停擺。他們上次去健行的時候，走到了手機快要沒有收訊的地方，瑞秋在健行的過程中一直很怕自己漏了什麼訊息。開車回家的時候，兩人都沉默不語。

最後，尼克和瑞秋決定坐下來好好談一談。尼克覺得瑞秋選擇了工作、犧牲了感情。瑞秋說，尼克每次翻白眼就讓她很挫折、無助，好像在指責她，可是這件事她根本無法控制。工作環境就是高壓、無情，她自己也很希望生活能稍微平衡一點。

尼克說：「我知道妳和我的本質不一樣。我需要很多閒暇時間，妳一直喜歡認真工作。妳以前怎麼有辦法平衡工作和人生呢？」瑞秋想了一想，對尼克說她大學畢業的那一年回到家鄉，在總統競選辦公室負責協調事務。當時工作很緊繃，而且各種需求簡直無窮無盡。她那時候也有男友，兩人幾乎找不到時間見面。可是她上手之後，在團隊間建立了口碑，就可以設定界線，下班時間不受打擾。她提早規畫募款活動和造勢活動，然後找出其他比較不忙碌的時段。她栽培實習生的實力，這樣他們偶爾就可以代她上陣。而且她會提早溝通，先安排休假時段，並且找到代理人。她現在回想起來就能記得那時候怎麼能每天找出時間去健身房運動，只有碰到真正的突發事件才接電話——這真的大幅提振了自己的心情。她發覺自己已經好幾個禮拜沒慢跑了。

她一邊說，一邊想著她要怎麼把這個策略落實到現在的職場，畢竟她都來一年了。沒錯，有時候她週末得加班，但也**不至於**每個週末都必須加班。雖然公司有時很混亂，但她已經可以掌握節奏了——她可以找出促銷活動或投資人會議的空檔。此外，她現在是資深經理了——而且是個好主管，願意和團隊分享資訊和策略，她手下有個很棒的公關經理，也很希望能爭取更多職責。只要稍加訓練，這個經理有時就能代她上陣。

這些想法讓瑞秋好過多了，她覺得目前的處境和感情都還有希望。但她也在仔細回想過去成功經驗的過程中，發現她能撐完總統競選辦公室的那份工作，是因為她知道總統大選總有結束的一天，而且當時的老闆很支持她。現在的這份公關工作沒有盡頭，而且老闆溝通的方式有時不夠尊重人、有時朝令夕改。

儘管瑞秋想要努力工作、更上層樓，但她也需要時間來維持身心健康，並且為重要的人保留一點時間。當她回想著之前那份工作為什麼做得下去，就開始思考現在這份工作長期來說到底適不適合自己。瑞秋和尼克結束這段對話的時候，已經有了個計畫。她會去協商，除非有緊急事件，否則週六、日的上午不工作。他們每週有兩個晚上，瑞秋會在七點關手機，這樣他們就能好好吃飯、聊天。尼克答應要多給瑞秋一些支持，如果她明說這是緊急事件，尼克會同理，而不是指責——也不會再翻白眼了。瑞秋也願意多看看，任何其他工作機會，她都不排斥，不一定要留在這裡，也可以繼續談判，爭取她需要的一切；或是到更健康、更懂得尊重的工作環境裡，接受另一份挑戰。接下來的那個週六，他們去健行，兩個人都覺得這是好幾個月以來，第一次能慢慢深呼吸。

問起別人過去的成功經驗

我們在這一章會再度展開時間旅行，幫助別人想起他們過去用了哪些方法來成功面對類似的挑戰。

我們在「鏡之卷」就已經學過，問自己過去有什麼成功經驗可以帶來許多好處。這可讓我們回溯記憶，檢視過去的成功經驗時就會想到很多選項，用以處理目前的挑戰。此外，記憶也會影響我們的決策；記憶會影響我們如何看待眼前的道路。記憶提供我們動力，協助我們解決下一個難題。

當你問別人這個問題的時候，就打開了一扇窗，更能看清楚對方，更曉得他們過去為什麼能成功。你可以獲得重要的資訊，知道過去哪些方法對他有效，未來哪些方法可能對他——和你——也有效。

此外，當你問起別人過去的成功經驗時，會讓他們產生正面的感受、給對方力量。研究發現這種情緒可以加強他們下次的人際互動——那就是在和你互動的時候！我會在這一章提供一些策略，讓你引導別人進入成功致勝的心態中，讓他們汲取內在的智慧，並產生想法來解決問題向前進。

回想過去的成功經驗可以幫別人定義問題，找出潛在解決方案

當你問別人這個問題的時候，就是讓他們回想自己過去用過哪些方法和策略，而且最好能想起很多細節。當你協助他們回想起過去哪些方法能奏效，就更能和對方合作找出適合這場談判的策略。

請記得當你問別人：「你過去怎麼成功處理這種問題的？」你要先理解「這種問題」是什麼。「這種問題」是我們在「窗之卷」，利用「告訴我……」所定義出來的問

題或目標。這表示我們要回去看答案，才能確定自己已經清楚、正確地定義了問題或目標。在本章的案例裡，瑞秋和尼克都很支持瑞秋認真工作的需求，而且兩人都希望感情生活能有所改善。他們一起把問題定義為：「我們要如何尊重瑞秋的職場企圖心，同時找到空間來滋養雙方的感情？」

一旦確定了你們要達成什麼目標，或者是解決什麼問題，回想過去相關的成功經驗就能幫助你和對方想起有什麼具體的策略可能在目前的談判中也能奏效。在很多情境中，這個問題可以幫助你修正自己對問題的理解，並且讓你知道要怎麼修正。回到史密斯與羅莎的案例，史密斯是承包商，過去成功替羅莎改裝過很多房子，但前一陣子兩人差點鬧翻，還對簿公堂。想像一下他們要坐下來談判時，調解人問他們：「好，你們兩個都說以前合作無間，這次才有問題。你們過去是怎麼成功攜手合作的？」

屋主會說：「嗯，那些專案規模比較小，而且我有比較多的時間可以和他溝通，討論設計。這次我手上有很多事情在忙，結果他挑了這些很難看的櫃子。」

承包商可能會說：「通常我們都會白紙黑字地簽訂合約，而且她會先預付二五%才著手進行工程。這一次，因為我們合作次數多了，只有握手沒有簽約。結果她一直沒付我訂金——到現在根本一毛錢都沒付。我知道她小孩要上大學，但難道這樣就可以不付錢嗎？」

想起過去的成功經驗可以讓我們獲得很多資訊，用來診斷目前出了什麼錯，也可以幫助這兩個人搞清楚以後要怎麼合作才會更順利。這兩位實業家都被過去成功的經驗給害慘了。他們不是因為個性很差所以才起衝突，我們知道這次會發生衝突是因為（一）他們太信任對方，結果沒簽約，才導致合作失敗；（二）以前翻修的規模從沒有這麼大；（三）還有其他事情要忙，所以沒有好好溝通設計風格；（四）沒有按照平常的方式來付款。

光是想想以前為什麼成功，我們就知道需要訂合約，上面列出付款日期，並且規畫出討論設計的時間，這就是他們過去成功的公式。

回想過去的成功經驗可以促發力量

請別人說說過去的成功經驗還可以幫助他找回信心與動力，來解決你們共同面對的問題。回想起充滿信心與力量的感覺，可以讓人在面對談判的時候更順利。

哥倫比亞商學院的亞當·賈林斯基教授（Adam Galinsky）和他的共同作者說，我們都可以「促發力量」，也就是我們都能「催眠自己，讓我們感覺到比平常更有力或更無力」，而研究確實證明了「促發力量」的價值。上百份研究已經證實，當你回想起過去充滿力量的時刻，就能在當下充滿力量。促發力量在我們面對挑戰或壓力的時候特別有用，例如談判。回想過去的成功經驗能讓你促發力量，你在第四章已經經驗過了，在這裡可以用這個問題讓對方體會同樣的效果。你可以提醒他們以前也經歷過成功順利的經驗，好讓他們為目前的談判建立脈絡。回顧過去的成功經驗可以提供幫助，以更正面的角度看見自己和目前的局勢，這或許可以幫你想出對你們都更有利的解決辦法。

要對手回想過去的成功經驗？

當我在帶領工作坊的時候，有些人會問我：妳真的會要求對手回想過去的成功經驗嗎？那如果你們都希望從談判中，拿愈多愈好，怎麼辦？

首先，請記得談判時的對手往往是接下來的合作夥伴。想請老闆幫你加薪嗎？希望替你的產品，在通路談出好的展售空間嗎？想要到其他國家去做生意，要同意合約的內容嗎？要說服你的客戶升級方案嗎？這些情況下，你都必須和談判桌對面的人一起解決問題，或是在對話結束後繼續合作。問起他們過去的成功經驗可以讓你獲得更多選項，這樣就更知道要怎麼鼓吹對方選擇最適合自己的選項。

而且，你不過只是問問他們的想法，並不代表要全盤接受。請記得，你已經做足功課，很清楚自己的目標、需求和想法。所以當你聽到他們的想法時，就能用「鏡之卷」中得到的資訊去衡量他們的意見。這個問題只不過是替你打開宇宙，迎接各種可能的選項來符合自己的需求。如果他們提出的意見不適合你，你也能清楚地說明原因，並且提出備案。

就算你談判的對象不是以後要合作的人，這個問題也能催生出很好的結果。假設，你在應徵工作的時候談判，對於薪資福利不是很滿意，可以問問他們過去怎麼處理這種顧慮，這樣就能獲得有用的資訊。或許最後他們仍無法提供足夠的薪水，可是願意給你訓練和個人發展的預算，若你覺得這方案很有吸引力，下次談判的時候就可以問雇主願不願意在薪資外提出配套方案。

最後，問對手過去有什麼成功的經驗也可以建立雙方的默契。當你在談判中把對方當成你的夥伴，他們就比較願意互利、讓利。

換你了：問起對方過去成功的經驗

既然已經知道這個問題**為什麼**有很多好處了，那就來探討該**如何**提出這個問題：

就像在「鏡之卷」練習過的一樣，當時我們問自己過去有什麼成功的經驗。現在我們要透過「窗」來更了解對方以及他們的想法。

讓飛機降落

在你問了他們過去的成功經驗之後，讓飛機降落。我要提醒你，這表示你問了這個問題之後……就別再說話了。我們要避免自己說出：「你以前是怎麼成功處理這種問題的？那去年的業務會議進行得怎麼樣？」或是：「從我的觀點來看，你一直很順利地……」

享受沉默

問了這個問題之後，就要保留空間讓對方沉默，必須給對方時間去查閱他們心中的卷宗，從過去的經歷中找出成功的經驗。如果他們需要協助，你可以往下讀，就會知道要怎麼幫他們。

後續追問

繼續追問是要幫你們雙方從這個問題中盡量找出資訊。你問對方過去有什麼成功經驗之後，就要讓他可以盡量仔細地描繪出之前的成功是什麼樣子，或者給他什麼感覺。記得我要你閉上眼睛，盡量仔細地回想過去成功的經驗，聽起來、摸起來、嚐起來是什麼感覺？當時你維持了什麼姿勢？身處何處？我還請你回想一下在成功時刻之前，你做了什麼準備，有什麼想法、任務、情緒。

你做過練習，知道這些都是很有用的資訊——你會想起自己以前做了什麼準備才能順利成功，這次就能用同樣的方式。而且，當你回想起過去的成功經驗時，研究發現你下次談判就會表現得更好。當我請別人說說他們過去的成功經驗時，就是在幫他們盡量生動地回想那次成功的過程，你也要幫對方想起來。怎麼做呢？使用已經很熟練的兩項重要技巧：追問和總結。

檢查自己的筆記，整理出對方過去的成功經驗，並且利用「多講講……」來一次多問一點。例如：「謝謝你提供了這麼多有用的資訊，可不可以多談談你們怎麼提供預算，讓員工加強訓練與發展？」或是：「史密斯和羅莎，你們可不可以多談談過去是怎麼成功擬定合約的？」然後總結說：「聽起來你很認真去爭取這筆訓練的經費，對結果也很滿意。你們的對手多半沒有這種規畫，你覺得這成功地幫公司留住了優秀人才。」

或是：「聽起來你們已經把付款期限和金額都講清楚了，設計風格也定調了。」

◆如果對方想不起過去類似的成功經驗，要怎麼追問？

如果對方沒辦法想起過去的成功經驗——假設他說「這是我第一次處理這種問題」——那你要記得自己還是可以幫他們，對方過去可能碰過不一樣的狀況，但是和現在的境遇有類似的元素，而對方當時處理得很好。這樣一來，你就可以幫對方撒一張很寬廣的漁網，回想起以前成功的經驗，讓他們得到有用的資訊來解決目前手上的問題。

我們來看些實例，觀察這些人怎麼利用不同、但相關的成功經驗來順利談判。如果你的客戶在剛開始合作的時候很滿意，可是現在專案快結束要驗收了，他卻開始提出一大堆問題，你和主管以前沒碰過這種狀況，可以問問主管以前有沒有在合作關係快觸礁的前一秒還順利回到正軌過，他們也可以聊聊和同事的相處過程。或許，當時有些解決問題的方法適用於目前的處境。

或者，你可以假裝承包商史密斯和屋主羅莎從來沒有共事過。你可以問他們過去有沒有相關的成功經驗。例如可以對承包商說：「你說你從來沒跟這個屋主合作過。那你以前是怎麼順利和其他客戶簽約的？」然後對屋主說：「你覺得這次合作過程沒有好好溝通設計風格——那你以前是怎麼順利和其他承包商溝通的？」

同樣地，如果你的配偶很煩惱，因為雙方的財務規畫態度不同，這是你第一次面對這種問題，你可以問：「以前我們是怎麼成功處理其他問題的？」這種問題可以讓兩人不要卡在目前的難關裡，從其他地方挖掘出有用的資訊。你在這裡也要用感受的問題繼續追問：「我們以前能一起面對問題，然後變得更緊密，當時你有什麼感覺？」這可以幫助對方獲得正面的感受，釋放他們的創意，來解決眼前這個嶄新、不同的問題。

如果談判的對象完全想不起任何成功的經驗怎麼辦？你自己做過這個練習，可以請對方想想他們在哪些領域感受過順利、成功。有一位職涯教練跟我說，她的客戶沒辦法定義出諮商輔導的目標。這個客戶已經離開職場一陣子了，當時想要回去工作，經常沒細想就丟出一堆（很衝突的）想法，然後又打槍自己，所以他們完全沒進度。這個客戶連更新履歷或參加社交活動都沒辦法。當職涯教練請他回想過去有沒有成功做出職涯抉擇，他愣了一下，說不出任何成功的經驗。他念完大學，幾份工作都做不久，然後就離開職場去照顧小孩了。

這時職涯教練換個方式說：「別擔心，這就是為什麼我們要一起努力——讓你在這個領域可以大顯身手。你在人生中的哪個領域裡，比較有成就感？」這個客戶畏畏縮縮地說：「嗯，我瘦了三十五公斤，算嘛……而且我都沒有復胖。五年前我出現了前期糖尿病的症狀，就決心要改變。」職涯教練想了想這個了不起的成就，便問他當時採取了哪些行動才能成功瘦身、預防糖尿病。她看著客戶逐漸增加信心。慢慢地，他們改寫履歷表和設定職業目標的時候就有些進度了。過去的成功經驗儘管和職涯無關，但還是有幫助客戶的力量，讓他能朝著目標前進。

總結並要求反饋

大家都喜歡聽到自己的成功故事，這不意外，所以當我重新描述他們的成功經驗時，真的表現出我聽到了所有細節。舉例來說，假設你的老闆現在碰到了客戶在結案前翻臉的大問題。你以前沒有這種經驗，但老闆說她曾經在時間壓力下，處理過內部的糾紛。你的總結可以是：「哇。妳沒講的話，我完全不曉得妳處理過『甲同事和乙同事』的嚴重爭執，這就是妳成功化解的問題——但沒人曉得。所以總結來說，這不是客戶的問題，而是兩個主管責任歸屬的問題，也是到最後才鬧翻。聽起來，是妳把他們聚在一起，才能化解在電子郵件裡面產生的誤會。他們面對面之後，妳協助他們把重點放在共同目標上——盡力為客戶提供最好的服務，同時讓自己的事業可以好好發展。妳聽見了他們的顧慮，所以他們覺得自己的心聲被聽到了，就更有信心。然後妳問他們有什麼想法。最後，這場對話讓他們對自己的責任範圍更放心，你就能用原本的分工方式讓大家合作了。」

這樣一來，你就能讓老闆感覺到自己有能力面對眼前的困難——同時，你也強調她當時採取了哪些行動才能順利解決問題。結合這些行動就能給你許多幫助，讓你能邁向下一個問題，這也是最後一個問題——你要望向未來，確實解決客戶的問題。

總結完要請對方提供意見回饋，好確定自己沒有疏漏。你可能也會發現當你總結對方的成功經驗時，那個人就會想起更多當時採取的行動，我就常常碰到這種狀況。例如，你的老闆可能會說：「沒錯，就是這樣——但現在回想起來，我發現當時在聯合會議結束之後，我還發信給這兩位主管，謝謝他們與會，幫我解決了問題。大家心情好了，就能共體時艱。」這樣一來，你不但讓對方感受到力量，還找到更多點子，讓你能順利談判。

聽出對方沒說的話

最後，你要確定自己在問這個問題的時候，留意對方的肢體語言，看他的預設姿勢或底線、表情、語調是否產生變化。假設對方的預設姿勢就是在談判過程中都往後倒，這時忽然坐直，或甚至身體往前傾，那就表示你在和他們互動的過程中創造了正面的效果。請記得我們溝通的過程中，有很多訊息都不靠語言，如果你接收到了這些線索，就可以從這一系列問答的過程中獲得更多資訊，這些都能幫你順利談判。

小結

你剛剛幫助對方回想過去的成功經驗，可能給了你一些線索來處理眼前的挑戰。下一個問題就要把所有的資訊拼湊在一起，開始望向未來。下一章結束的時候，你就準備好以最高勝率奔向未來了。

第十章　第一步是什麼？

大衛．葛林華德（David Greenwald）在短短兩年之內就帶領他的公司——猶栅、法蘭克、哈里斯、旭佛與雅各布森有限責任合夥公司（簡稱「油炸法蘭克」）——從員工滿意度倒數二％躍升到前一〇％，而且還提升了生產力與案件量。其實這都是無心插柳的成果。大衛在二〇一三年年底，加入油炸法蘭克這間國際法律事務所擔任所長的時候，發現了許多急迫的問題。大衛告訴我：「我們的營收很慘，利潤更少。前一年的財務表現特別糟，而且不只是那一年有問題。當我回顧近十幾年來的績效，並且和同業相比，看到他們的成長，就更顯出油炸法蘭克遠遠落後了。」

這間公司還有哪些大問題？公司的基層律師滿意度排名也墊底。基層律師不是事務所的股東或合夥人，像油炸法蘭克這種大型事務所，基層律師占多數，通常基層律師和合夥人的比例至少四比一。所以，如果基層律師在職場不快樂，那表示公司裡多數人做得很不爽。

每一年《美國律師》會根據不同的指標，來評鑑全國最大型的律師事務所，其中一個項目就是中階律師的滿意度——指執業三至五年以上的律師。整體滿意度的排名會評估中階律師是否滿意工作內容、薪資福利、上下關係、訓練與指導、管理階層坦誠溝通事務所策略的程度、自己成為合夥人的機會、事務所對於公益服務與收費案件的態度，以及未來這位律師會不會繼續待在這間事務所。

二〇一三年，《美國律師》調查的全美一百三十四間大型律師事務所中，油炸法蘭克的律師滿意度排名為第一百三十二名。

法蘭克告訴我：「調查結果公布之後，我走進合夥人會議中對大家說：『好吧，第一個好消息就是我們無路可退了。第二個好消息是，我們有很多進步空間。』」

大衛環顧事務所，可以看到油炸法蘭克的律師滿意度問題不只是反映在排行榜上而已。「士氣低迷的狀況表現在許多方面。第一，流動率很高。律師事務所的離職率本來就不低，大家都不會期待員工一待就是一輩子，不過問題是這些人後來都去了哪裡？他們為什麼要離開？有些人是懷怨離職。他們並非去其他城市工作，我們在其他城市沒有分所，也留不住他們，他們也不是去企業擔任法務。他們是去同業工作。換句話說，他們還是想在大型法律事務所，擔任律師——只是不想在油炸法蘭克當律師。我們要改變這現象。」大衛也看了看他們徵才的數據，發現油炸法蘭克的表現遠不如預期。

大衛花了一些時間了解事務所的問題之後，決定先改變律師與合夥人之間的溝通文化，而且他決定從高層開始改革。從二〇一五年年初開始，他一年舉辦兩次「市政廳集會，讓高層下鄉聽取民意，接受所有人提問」，他會向所有律師說明事務所的策略等重要議題。他也會定期和不同小組的律師開會。他在這些會議中都怎麼開始呢？他會問大家可以採取哪些行動來改善職場。二〇一五年的春天，大衛開始蒐集律師的想法之後，《美國律師》的新評鑑調查了一百零一間事務所，油炸法蘭克的滿意度排名衝到了第十六名。

這時候，律師提出了一個想法，完全出乎大衛意料之外。多年來，律師一直說，他們希望紐約總部能有個只限基層律師進入的交誼廳，讓他們可以放心地談話、工作，或單純放鬆。他們的要求始終無法上達天聽。大衛決定把握這個機會。基層律師在二〇一五年九月十五日正式提出要求，合夥人幾乎馬上同意，並且在感恩節的時候宣布決定，然後幾個月後，在隔年二月正式開張。

律師的交誼廳裡面有什麼？手足球桌、乒乓球桌、大電視、各種適合放鬆的家具和點心飲料。但這對律師來說的意義不僅於此。大衛告訴我：「這間交誼廳大幅改善了合夥人和基層律師之間的關係。對合夥人來說，這表示我們說話算話，而且很快就能落實。這讓我們能建立信任感，也提升了討論的整體品質。在這之前，我想基層律師常覺得被忽略，所以對重大議題沒有表達意見或疑問。但現在我們什麼都可以討論：國際策略、財務表現、多元性和績效考核程序。他們發現我們會納入他們的意見之後，就開始問很多很棒的問題，和我們交流。」

大衛繼續說：「基層律師就是事務所的未來。他們占最大比例。有一天，他們其中一位會接下我的工作，所以他們非常重要。我們希望也需要他們積極、進取且滿意地工作。交誼廳就是朝目標前進時，很棒的第一步。」二〇一六年的春天，《美國律師》又調查律師的滿意度。油炸法蘭克一躍成為全國前十名，當年排名第八。

更厲害的是這些律師的工時提升了，可是他們的滿意度也增加了。二〇一三年油炸法蘭克幾乎墊底，排名一百三十二名，到了二〇一六年，這間公司在接受調查的九十四間公司內排名第八，而律師的工時還**增加**了一〇%以上。這間事務所的財務表現也完全翻轉了。二〇一八年，在油炸法蘭克，每位權益合夥人獲得的利潤首度超越美金三百萬；和二〇一三年相比成長了百分之百。

最近，有個記者採訪大衛，請他談油炸法蘭克的轉變，還要求參觀律師交誼廳。大衛告訴他：「嗯，你要的話，我們可以在外面看，但我沒辦法讓你進去。我的員工證刷不進去。」

記者困惑不已地說：「你是所長，還有你打不開的門嗎？」大衛說律師想要一個專屬於自己的空間。記者和他一起走到律師交誼廳門口，用他的員工證試試看，果然進不去。他是個說話算話的人。

換你了

目前在談判中，你已經發現了很多新觀點：問對方怎麼看待現狀、深入理解他們的考量與需求，也發現了他們的需求是什麼樣貌。你找出他們過去的成功經驗，蒐集了不少有用的資訊。最後，這是你透過窗子看他們的機會，你也可以清楚地透過窗子來看待目前的處境。現在，你有機會請他們往前看，就和你一樣。

在這階段，問：「第一步是什麼？」很重要，其中原因很多。這個問題對你的談判協商很有助益，讓你可以產生很多選項，找出解決方案。傾聽對方的意見不代表聽到什麼都要全盤接受，但是問了這個問題，就更有機會找出他們可以提供的選項，或調整這些選項，這都可以協助你滿足在「鏡之卷」挖掘出來的需求。

接下來，這個問題對雙方的談判人員都很有幫助。當你問別人想怎麼開始第一步的時候，就是把他們當成了談判中的夥伴，這樣他們更可能會和你有一致的想法，也傾聽你的意見，尊重你的想法。

心理學教授羅伯特・橋汀尼（Robert B. Cialdini）讓我們知道在談判過程中，人都會互惠、有來有往，這表示當你對別人做了什麼，別人就很可能對你做一樣的事。所以當你問同事或家人有什麼想法，就是在給他們主導的機會，讓他們理解你的目標，這樣他們不管做什麼工作都會更快樂——在職場和在家裡都一樣。研究顯示當你問別人有什麼想法的時候，就是在培養史丹佛心理學家卡蘿・杜維克（Carol Dweck）所稱的「成長型思維」，讓你能學到更多、成就更多。

最後，問別人要怎麼採取第一步很重要，因為這可以創造往前進的力量，開發往前進的路徑，就算你不知道接下來所有的步驟也沒關係。

利用這個問題來幫助協議

在談判中，我們其中一個目標是要盡量產生更多想法，這樣就能從中找到完成目標的方法。科學領域的人都知道，有時候你需要很多想法、很多次失敗才能夠找到改善生活的方式。布里斯托大學風濕病學教授約翰・柯萬（John Kirwan）展開了一項調查，想知道他行醫二十三年來有多少想法成功了。

在學術生涯中，他有許多成功經驗，發表了許多研究成果，也受到廣泛引用。不過，他也有很多想法都失敗了。經過調查，根據他的標準，只有二．七％的想法算「特別好」。柯萬教授對《石英》雜誌表示，儘管比例很低，他認為所有失敗的想法都具有寶貴的價值：「重點在於，發現到在科學的世界裡（確實，在人生也是），我們有很多想法都不會成功。你剛開始沒辦法確定哪些想法有效和無效——你需要去探索，多加鍛造才能找出答案。這是個必要的程序……我們不是在浪費時間，探索最後無效的想法——我們是在這個過程中，產生好想法。」

不管我們產生多少創新的想法，都不能先入為主地假設自己已經很清楚談判對象對未來的想法，或他們有什麼意見。就像大衛與油炸法蘭克的例子，你或許會發現有個點子能滿足對方的需求，也能符合你的需求。我認識一些家長，他們和小孩商量使用手機的時間，都說孩子提出了很多有創意的想法，像是在家中設立一個「無螢幕區」（例如臥室和餐桌），或是「週六無螢幕」讓全家都進行戶外活動，或是設定家事輪值表以幫忙家事，來增加自己可以用手機的時間。

就算在這個問題領域裡，幾乎所有的專業都掌握在談判雙方其中一方的手上，邀請對方來提出意見，也可以對協議長期的成功帶來許多益處。舉例來說，近期研究和教學都顯示出，當醫生和病患討論治療方式的時候，如果諮詢病患的意見，那麼他們在接受療程的時候會比較願意配合，康復的結果也會比較好。《紐約時報》刊登了〈教醫生談判術〉一文，作者杜魯夫・庫勒博士（Dr. Dhruv Khullar）表示：「醫學專業不再是由醫師獨裁決定病患要接受的療程，並期待病患聽話。臨床醫師現在是要和病患共同討論療程的選項，一起衡量成本與益處，再決定最好的做法。」當醫生問病患要採取什麼步驟或行動的時候，病患不只會對醫師更滿意，也比較可能會持續他們自己所決定出來的療程，因此會有比較好的結果並降低醫療費用。

最後，在談判中請別人著眼未來、提出他們的想法，可以協助你面對那些只會打槍你的人，有些人就是只會否決別人的意見，自己又提不出什麼想法。提出這個問題就是在邀請他們，以更有建設性、更有生產力的方式來參與，共同找出解決方案。

運用這個問題來協助談判

問對方想怎麼展開第一步，對參與談判的人有幫助。和別人一起決策不只會有短期的效益（例如，設置交誼廳花費並不大，卻能提振士氣），也有長期效益（讓同事更快樂、更積極，他們會和你一起思考著怎麼解決棘手的問題）。

就算談判中，關於主題的專業全掌握在其中一方手上，只要你問對方想要怎麼進行第一步，雙方都能受惠。再來看看醫師與病患的例子。醫學研究顯示出，當醫護人員為病患列出各種他們可以考慮的療程，並諮詢他們的想法時，雙方就能夠建立更好的醫病關係，讓病患堅持自己選出來的療程。病患願意持續療程，就能省下復發或副作用所造成的費用，醫生也能獲得更準確的資料，節省醫院和保險公司的開銷。據估計，病患不配合療程會增加數十億美元的成本，因此請病患共同決定療程對雙方都好。

最後，詢問別人想要怎麼展開第一步也會幫助談判人員，因為他們的關係會變得更好。不只是在職場如此，每個人都希望能夠和同事互相體諒、理解；在職場之外也是。愈來愈多的專家在研究，哪些因素可以打造健康的人際關係，而答案包括了同理心、信任感、願意回應對方顧慮的程度等特質。當你問別人有什麼想法且真誠傾聽的時候，就增加了這些特質。

問對手有什麼想法？

當你在思考談判策略的時候，要考慮到談判結束之後，你們的合作有多密切。不管多大的產業，最後都會覺得像個社區，尤其是頂層的決策人員。優越運動管理公司的總顧問加百列．馬特斯（Gabriel Matus）告訴我：「這個產業小到讓人驚豔，當你在管理高素質運動員的時候，看來看去都是熟面孔。像這樣的專業服務，維持關係很重要。」問別人的意見就是表現你的尊重和願意合作。這是建立信任基礎的最後一步，有了信任基礎才能有長期、具生產力、產生利潤的合作關係。問對方有什麼意見，就是在讓他們知道你想了解他們，於公於私都一樣。

總歸一句話：在談判中問別人有什麼想法並不花錢，卻可以得到很多好處。

一次一步來解決問題

了解下一步就可以打造出充分完整的方案，來解決談判桌上所有的議題。就算你的對話能刺激很多想法，你也要從一個起點開始，就像大衛打造律師的交誼廳。他知道這一步有象徵性的意義，不只是規畫了一個空間給律師休息而已。這個具體可見的空間會持續提醒大家：事務所願意傾聽各位的意見，也很重視大家想說的話。

但有時候，你的解決方案也必須一步一步來。或許當下只有一步可行，或者你只要採取第一步才要決定接下來怎麼做。

例如：甲級大學籃球選手潔米有嚴重的背部問題——可能是椎間盤突出，就算休息也不會比較好——她到梅奧醫學中心接受評估。潔米、她的家人和醫師找到了幾個可行的解決方案：嘗試傳統的方式進行復健或選擇手術。醫師問病患和家屬，他們想要採取什麼樣的第一步。潔米當時大二，她決定要全程參與這一學年的賽季。她認為傳統的方式可以讓她參與完整的賽季，也會讓她安心地確定已經在手術前嘗試過所有方法。醫師很支持這個選擇。潔米很認真地復健，也完成了那年的賽季。她對梅奧醫學中心說：「我參與了每一場比賽，打得很順利。我的背會痛，可是是可以控制疼痛的程度，讓我還能上場。物理治療真的幫我很多。」賽季結束的時候，經過核磁共振發現狀況沒有改善，潔米就選擇動手術了。復健提供了幫助，可是沒辦法完全終結背痛。先嘗試過保守的第一步後，潔米和她的家人知道接下來的發展時就放心多了。手術很順利，潔米秋天就回到球場了。

有時候，一個步驟就能救人。大約十年前，兩個女生和我一起走進紐約布朗克斯的一個小房間，坐在談判桌對面。她們住在同一間公寓裡，兩人之間的緊繃已經超越了肢體衝突。她們的緊張關係已經讓家人、牧師，甚至警察都到場多次，最後建議兩人進入調解程序，因為大家擔心未來會爆發嚴重暴力。

兩人一坐下之後，便勇敢且坦率地說，如果她們持續衝突，未來不堪設想。其中一人說：「妳知道嗎？我可以傷害妳，我想過，只是我不想進監獄。小孩會被帶走，我沒有親戚可以收留他們。他們會被送去寄養家庭，我不能走到那一步，所以我們必須找到其他方法。」顯然兩人無法和解，也不是閨蜜，更不可能快樂地擁抱在一塊，可是，我們請兩位去想想，她們認為邁向未來，又不必動用警察或進監獄的第一步會是什麼。她們想了想這個問題，同意不要傷害對方。我們結束調解前和牧師一起禱告。她們的旅程就從這重要的、改變人生的一步開始。

現在來想想「怎麼做」

你要怎麼有效地提出這個問題？若利用這些方法來造問句，就不會改變問題的內涵或限縮了範圍。

- 我們的第一步是什麼？
- 你認為我們的第一步是什麼？

如果你和對方溝通順利，結果豐碩，或覺得你能採取的不只有一步，你也能試試：

・你對未來有什麼想法？
・你認為我們可以怎麼前進？

在本章的最後，我會提供你一項祕訣，協助你以最成功的方式提出這個問題，並解決一些可能出現的疑難雜症。

讓飛機降落

你剛剛問對方有什麼想法，接下來要等著聽他們的答案。這個問題可能會為你和對方產生非預期、但有用的解決方法。

享受沉默

這是個大問題。你請對方和你一起設計未來。或許他們已經做足了功課，準備了一些想法。或者他們可能需要時間。我指的並不是一、兩秒。我看過很多談判人員都卡在這裡。他們提出問題之後，等兩秒，然後就會問另外一個問題，或說出他們的想法，像是：「你想要怎麼前進？……我們要不要先從薪水開始談？」

忍住！

就算你想要開始處理另一個問題，也會中斷討論，影響到結果。如果對方請你協助，那你就知道他需要協助了。對方沒有請你幫忙，就請閉嘴。

後續追問

如果對方說出了一個想法，而你必須要多了解一點，「多講講……」就是個很好的方式。如果對方的想法模糊，或你不知道要怎麼執行——譬如說，對方認為「我希望我們能和客戶溝通得更好」——你可以利用第七章的追加問題（「你需要什麼？」）請他們回答：「和客戶溝通得更好是什麼樣子？」

那如果對方提出了……沒用的意見怎麼辦？我聽說過一場備受矚目的法律談判案在進行的過程裡，其中一方被問到和解的方式時說：「我知道了，你可以吃我的——。」空格就給大家自行填入了，但我想各位都曉得他不是要請對方吃什麼美食。

我處理過很多次這樣的情況。我在紐約擔任調解人可不是被嚇唬長大的。我曾經在小額索賠法庭裡，問其中一方我們的第一步應該怎麼做，他在對方面前說：「我是這樣想啦，我可以用電擊棒瞄準他的。」

我希望你不要進入這種情境，但如果碰到了，我建議的處理方式是直接問：「電擊他可以怎麼幫我們達成目標呢？」既然我認真地傾聽了他們的心聲，那就能說出他們的目標、需求和顧慮，然後問這個新想法要怎麼替他實踐目標。舉例來說，如果他們說需要克服這關、往前進，我就會說：「你說你的目標是要結束這段紛爭往前進。那電擊他要怎麼幫你達成這個目標呢？」

有時候，這個追加的問題就足以產生更有用的回應了。如果沒有，那我會建議先休息一下，等大家能有效討論再回來。

總結並請對方回饋意見

這裡也一樣，你總結自己聽到的話，並請對方回饋意見。有時候把聽到的訊息重複說給對方聽的時候，大家就會反省自己，做出改變了。年輕律師聽到大衛總結出律師交誼廳的計畫後，就會覺得受到鼓勵，願意想其他方法解決問題，創造出合作的文化。

聽出對方沒說的話

和之前一樣，你要在問答過程中留意肢體和表情。比方可以這樣說：「如果我說錯的話請指正我，但我剛剛問你有什麼想法的時候，你好像很懷疑。你是不是很懷疑我的誠意？我知道我們過去溝通不順利，但我想改變。你的意見很重要，我沒辦法保證你說的我全部都同意，但我保證我一定會認真聽。」

疑難排解

我們現在已經知道要怎麼提出這個問題了，大家來想想看碰到障礙時要怎麼辦。

◆如果是團體談判要怎麼發想？

如果你在進行團體談判，不管是整個家庭、許多同事或跨國協商，都要更謹慎一些，我們想要發想，而不是點名讓別人難堪。許多年來，大家都以為整個群體一起腦力激盪能找出最好、最有創意的結果，因為彼此能聚在一起，想到什麼就說出來。近期的研究卻發現團隊腦力激盪通常沒什麼用，因為會產生一些見識淺薄的意見，那只是靈光一閃，禁不起更進一步的測試，尤其是在解決重要問題或棘手挑戰的時候。當我在談判中協助別人設計他們的第一步時，通常會請對方單獨寫下自己的想法，再一起評估。這表示什麼呢？很多人進入團體以後才開始想，但你的進度已經超前了，因為你已經開始想第一步可以怎麼做了。你先做了功課，現在可以請對方也單獨想一想，再邀請他們一起來討論可行的第一步。你只需要給他們一些時間來思考。

◆那如果對方還沒準備好呢？

你要有心理準備，提出這個問題的時候，對方可能還沒準備好。他們可能想要有更多時間來消化資訊。你可以請他們安排下一場會議，等對方準備好要討論的時候再進行，或者和他們分享你的想法，然後用後續追加的問題來聽聽他們的想法。

◆如果下一步未經思索呢？

或許情況剛好相反，對方不加思索地提出了下一步，或是下一步屬於制式流程的一部分呢？舉例來說，人事部門剛進行完第一回合的面試，說接下來可能會接到通知，請你回來和管理階層面試。我還是會問：「可不可以多講講接下來的流程？」你可能會很意外地得到更多資訊，或許是關於時間點、決策者，或者甚至是你有沒有機會入選。

提這個問題也會讓你顯得更積極進取、條理有序。總而言之：嘗試獲得更多資訊絕對不會錯。

◆如果在這場談判裡面，你就是比較菜呢？

如果你在上司與下屬的關係裡，比較資淺，而對方期待你能列出未來的計畫，怎麼辦？如果你的主管把球丟給你，然後問：「第一步是什麼？咦，不是應該由你來告訴我嗎？」

你已經完成了前面四個問題，所以知道對方說完話之後的首要之務，就是先總結，再追加提問。所以你在這時候可以說：「是的，您想聽聽我的想法，我已經預先準備好了，所以我在這場會議之前就先花了時間想想接下來可以採取的步驟。我很樂意說出這些想法，或許您也可以先提出意見，這樣我的想法就比較能呼應，由您決定。」

◆如果對方什麼都想不到怎麼辦？

如果你問對方第一步是什麼，結果他們腦中一片空白呢？我有時候會先試試這些方法。首先，如果我和對方有信任感，可能會想更了解他們的障礙，這樣才能幫忙。我或許會問：「你覺得這個問題為什麼很難回答？」給他們機會去談談他們的障礙，就有可能跑出一些好想法。

記得，有疑惑的時候，你隨時都可以想著「最糟糕的想法」。你可以讓對方知道你以前試過這個方式，結果找到了一些好想法，然後說：「我們最糟糕的做法是什麼？」

有時候，知道哪些方式無效就能提供給你很棒的線索，引導你去想出哪些方式才有效。

小結

恭喜你！你已經完成了全部的問題。和其他談判人員相比，你累積、搜羅了大量資訊，而且在這個過程中，或許已經發現了解決方案。現在你可以揮出全壘打了。

全壘打：完成談判

恭喜！你已經完成了「鏡與窗」。當你看到這裡時，已經問了自己五個很開放式的問題，聽到了回答，並且總結了自己所挖掘的內在智慧。然後你問對方——或許是客戶、朋友、配偶或同事——五個開放式問題，進入談判宇宙，且獲得了原本沒有的資訊。傾聽時，你讓對方有空間可發表意見，然後追問並加以總結。你看到了路障，為這段關係掌舵，讓你們能向前進。和多數談判人員相比——特別是和自己的起點相比——你這時已處在優勢。

你或許會想：「好，我問了這些問題，現在呢？」此刻就要採取下一步，掌舵朝未來前進了。你在本書所學到的資訊可以幫助你處理各種談判，不管是要簽約、向客戶提案、解決感情問題、解決法律糾紛，或是完成自己的職場目標都行。

我寫這本書是因為知道自己在談判中問問題最能產生價值，終生受用。然而，我會寫這本書也是因為，當你在傾聽的時候，不管是聽自己或別人的心聲，都能因此具備開口爭取更多的能力，你可以向自己，也能向別人爭取。我希望你能運用書中所列的工具來勇敢地爭取自己需要的、夢想的一切，讓你為自己和別人創造價值。要怎麼做？請繼續讀下去。

整理你蒐集到的資訊

本書協助你在談判中提出對的問題，來探索過去、理解現在，並設計更美好的未來。這十個問題裡，每個問題都有各自的使命。你既然已經完成了十道問題，眼前的畫面會開始像下方這樣。

你可以利用下方這個表格把每一章最後的重點和有用的資訊整理出來。本書第三〇三頁也有講義，讀者可至「圓神書活網」（www.booklife.com.tw）搜尋本書書籍頁面取得。

很多人靠視覺思考，所以，帶著這份講義在談判過程中記錄其實很有用。如果你和談判桌對面的人關係緊

鏡	窗
我對問題與目標的定義是什麼？	他們對問題與目標的定義是什麼？
我的需求是什麼？ 這些需求看起來是什麼樣子？	他們的需求是什麼？ 這些需求看起來是什麼樣子？
我的感受與顧慮是什麼？	他們的感受與顧慮為何？
我的成功經驗是什麼？	他們的成功經驗是什麼？
我要採取的第一步是？	他們要採取的第一步是？

密，或者正設法在艱困處境中建立信任，或許也可以考慮把這些問題給對方看，讓他們知道你正在嘗試用新方法來進行這場對話。和對方分享你的筆記，在他們面前一起解決問題，這種舉動就代表你很透明、真誠，對很多人來說，這個重要的步驟可以讓你們順利地建立信任感往前進。

運用這些問題來建立致勝心態

我們知道，進入談判過程的人如果想著自己的前景，就比較容易成功；若想著他們可能會失去什麼，就會談得比較不順利。你可以運用書中的問答來確認自己有沒有設定好目標和前景。

首先，我們知道這建立在我們的需求上。在「鏡之卷」最後的第五章（下一步是什麼？），我請你回顧你在第二章所列出的需求（我需要什麼？），並想想哪些行動可以**充分**、**完整地**滿足你的需求。現在請再看看這兩題的答案，你在第五章所寫下的行動有沒有充分、完整地滿足你的需求。如果沒有，就多寫幾個，或是改善原本的行動。

接下來，你必須要確認你的前景是否合理——所以需要「窗之卷」。可能的話，請運用你能找到的客觀標準來評估自己的要求——像是買房子之前多看幾間；為產品定價之前，先估算營運成本。當你閱讀對方回到「窗之卷」的問題時，就會知道他們怎麼定義問題，他們的需求、情緒、成功經驗和對未來的想法，這也會讓自己知道對方將如何衡量你的提案。你要先確認自己的抱負或許遠大，但透過對方的答案來衡量也必須要合理。如果你的目標是要加薪二〇％，而你老闆目前最主要的目標是要減少現金支出，因為公司還在籌資，那你開口就會碰到阻礙，除非可以點出另外一個能透過加薪滿足的需求（像是降低離職率），或者讓他知道加你的薪水可以符合短期的財務目標（像是，比較不重要的職位可以少請一點人，或是給你多點股份，以後換現金）。

立論

搞清楚自己的想法和目標之後，就要利用最可能成功的方式來立論。首先你要建立框架。

「建立框架」是什麼意思?當你為想法立論的時候，要運用許多攝影師和藝術家使用的技巧來大獲成功。你要使用文字來繪畫，你希望能讓看到的人產生共鳴。除非你很清楚哪些主題、字句和想法能打中對方的心意，否則無法為觀眾建立框架。

換句話說，你如果不傾聽，就無法有說服力。建立框架很重要。每個在談判的人都應該學會並熟練這項關鍵技能。如果你認為部門預算應該增加，而你的訴求是主管應該要公平對待所有部門，然而假如他最在乎的是投資報酬，那麼你的說法就無法打動對方。如果你要小孩參加有陌生人的新活動，假設他在乎、擔心自己嘗試新活動時看起來很蠢，那麼請他去結交新朋友就沒辦法說服他了。

簡單來說，建立談判框架有三個常勝策略：首先，如果可以的話，讓你建構出來的框架能夠回應對方定義的問題、需求、顧慮、想法，也能回應你自己的。舉例來說，如果你想要爭取室內裝修的案子，就必須說服屋主多花點錢選擇你的提案，不要考慮其他便宜的案件，那就要點出他們對品質、耐用度和可靠度的需求，讓對方知道你將如何滿足這些需求。假設你想要減少孩子晚上使用手機的時間，可以讓他們知道你聽到他們說：早上總是特別累，而提醒晚上減少使用手機的時間可以讓他們隔天精神飽滿。認真傾聽對方的話之後，就能更理解他們如何處理資訊，便能用最理想的方式來提案了。

第二，強調他們能獲得什麼，而不是會失去什麼。研究顯示人類強烈傾向於迴避損失，這代表我們想要避免損失的欲望，大過於我們想要取得收穫的念頭——在談判中，強調損失會降低對方的彈性與妥協的意願，所以，假設你原本要跟兩位員工說：「我知道你們是好朋友，但我得把你們分開，因為不希望辦公室裡有小圈圈。」這時你可以指出：「你們兩位都說，希望可以認識更多部門裡的同事，這樣就能好好發展事業。我為你們安排的位置能讓你們和一些沒合作過的人共事，這對未來升遷很重要。」這兩句話都沒錯，其中一句話可能會讓談判進度倒退，另一句話可以讓你往前進。

最後，請你誠實、清楚、直接。在立論的時候，你要擘畫美好的願景，但也不能脫離現實與真相。建立框架的過程中，你要引導別人去注意你想強調的畫面，但這並不表示你可以給大家看白宮的照片，然後說那是埃及金字塔。

在一段關係裡，清楚直接是最好也最有同理心的掌舵方式。很多時候，我們之所以搞砸對話的機會，是因為很模糊地表達了自己真正的感受或真正的目標。舉例來說，很多人心裡想著：「我們在討論我花了多少錢的時候，自己的防備心會很重。」但我們通常會掩蓋真實想法，轉守為攻然後說：「你現在倒想檢討我怎麼花錢了，明明建議我們去度假的是你……」而這會讓情緒升高，可是又碰觸不到議題的核心。最直接的路徑就是把你實際的想法說出來，這通常最有用。

透明能創造信任感。這就是本書的魔力，對吧？你可以更清楚地看見自己、看清楚別人。當你看清楚了，就能說明白。這樣一來，你也給了別人一扇窗，讓對方能理解你。而且你還幫他們更理解你的提案，讓自己更有機會成功。

接下來的談判時間怎麼規畫？

那麼，你問完所有的問題之後，要當下就馬上提案嗎？這取決於你有多少時間等待資訊。如果這是個很難得的機會，你可能會想要立刻繼續討論下去。我則會試著爭取短暫的休息，先收攏對方的想法，然後整理一下。

如果對方和你有長期的關係，像是同事、常客或配偶——你沒有急迫的時間壓力——那只要完成這些問題，獲得他們提供的資料，這場會議就很成功了。事實上，你可能也會想要花點時間，吸收獲得的資訊，想想怎麼布局。譬如說，你可以謝謝對方今天來開會，讓你知道他們的考量。跟方表達你很感激這個機會，而且這段對話給了你很多想法，然後安排下次討論的時間，並利用獲得的資訊來開發路線往前進。

在決定要往前進，或者想休息的時候，你也應該要考慮自己是希望很快就能整理資訊，還是需要時間琢磨才能決定下一步。談判對手也一樣。我曾經和這兩種主管工作過，有一種總是說：「就這麼辦！」另一種則會說：「謝謝妳的簡報，愛麗珊德拉，我們下禮拜找時間再討論。」理解你和對方的類型可以協助你做出最能成功的決定。

你也要看看對方是否露出疲憊或心累的樣子。你們的對話進行了多久？出現了哪些主題？他們對這些問題有什麼反應？對話到最後，他們有什麼感受？他們是很興奮地問：「接下來要怎麼做？」還是已經累了？如果他們在瞄手錶或檢查手機，那可能是對方感覺到自己離開崗位太久，工作壓力逐漸開始累積了，這時候你要另外找時間來提出要求。畢竟你需要他們的全神貫注。

另外，你也要確認自己累不累。仔細傾聽的過程很需要維持專注。根據這場對話的長短，以及過程中掀起的情緒波瀾，你可能也需要休息一下再繼續。有時候，我和學生進行調解時會用掉一整天。這時候，我們通常會先分配時間，上午談過去，下午談未來。那中間呢？好好吃午餐。休息可以讓我們所有人恢復精神與專注力，就能開始解決問題。

如果你真的決定以後再談，那這場會議可以用下面的方式結束。首先，你要總結這天的進度與你分享的資訊。接下來，謝謝對方投入了時間和精神，並且敞開心胸來對話。如果你們答應要在下次會議前完成哪些事，例如蒐集資訊或提出文件等等，那也要在總結的時候提醒一下。

要從哪裡開始討論？

假設你決定要在問完問題之後繼續下去。在你問了「窗之卷」的問題並總結之後，對方可能會打開心房，問你同樣的問題。例如，你問他們有什麼需求之後，對方可能會問你有什麼需求。假設他們問了，你已經有所準備。如果他們沒問，而是開始討論未來，你可以讓他們知道你已經為這場對話做了準備，所以你的提案有所本。接下來可以分享你的答案，並為提案建立框架。

當你精心準備了提案，有大量的資訊來協助你提案得更成功、順利。比如，你可以看看他們的需求（第七章：你（們）需要什麼？）是否符合你的需求（第二章：我需要什麼？），然後用相符的部分來設計對兩方都有用的解決方案。也可以看看你對未來的願景（第五章：第一步是什麼？）和對方的願景（第十章：第一步是什麼？）有沒有相符或互補之處，釐清什麼方式比較可能滿足你們雙方。如果你想知道他們的感受（第八章：你有什麼顧慮？），你可以考慮你自己的感受（第三章：我有什麼感受），並想想怎麼為你的提案建立框架，這樣才能大幅提升成功的機會。

如果你們的對話提到了很多議題，你想先解決哪一個？我可以提供一些意見：

比較容易實現的目標：如果你們想採取的第一步很接近，那就太棒了！如果你們有共識，先總結一番，然後提出來。或者，如果你們在某個議題上的態度相近，你可以先縮短距離，然後創造往前進的動力。

事實上，當我在協助別人談判的時候，都會在筆記本裡畫出下面這個表：

中間欄填入雙方的共同點。如果兩邊的談判人員對第一步有共識，就可以從那裡開始，累積合作的動能。

共同的需求或感受：如果雙方有相同的需求或感受，這也是很好的起點。你可以從這個表中找出他們共同的感受和顧慮，想找出前進的方向時就從此處為起點。

當你們針對眼前的問題有共同的利益、感受或想法，可是對於要怎麼解決問題卻有不同看法時，就要特別留意、強調。舉例來說，你和你的部門主管都擔心員工跑到對手企業去。你認為留才的第一步，就是提供更多遠距工作的機會，但部門主管說：「除了增加薪水，其他方法都沒有用。」這時候我就會先總結出雙邊共同的需求與感

甲	共同點	乙
甲對問題與目標的定義		乙對問題與目標的定義
甲的需求 這些需求看起來是什麼樣子		乙的需求 這些需求看起來是什麼樣子
甲的感受與顧慮		乙的感受與顧慮
甲的成功經驗		乙的成功經驗
甲要採取的第一步		乙要採取的第一步

受，並說出有哪些不同的選項可以滿足這些需求。你可能會想要先蒐集更多資訊（訪問員工，理解他們的需求），再進行策略規畫，找出解決方案。

短期議題：如果這場談判或感情會持續下去，你可能要先想想接下來的幾週或幾個月要怎麼做，再設定下次評估成效的日期。舉例來說，如果你希望和伴侶好好溝通，你們兩人都需要在育兒過程中喘口氣，那或許你可以先嘗試一種方式——輪值、交換，或甚至祕密手勢——然後約好過一陣子之後，來討論成效。如果你在和新的經銷商談論庫存或倉儲的問題，或許應該先談個短期合約，等到自己能信任他們的品質以後再拉長。

反覆出現的主題：如果有一項需求或感受持續出現，你或許得先解決這個問題。你可以試著先解決這一個問題，把其他的往後延。舉例來說，如果你的部門因為要錄取一個特定的人而搞到大家意見不和，在遴選的過程中，兩邊都覺得自己被忽略或排擠了，那可能要先處理遴選程序的問題，再來討論到底要不要錄取那個人。如果你和客戶合作進行大型網頁設計專案，他們一直提到你的公司溝通不足，你可能要先談談這個溝通的問題才能處理專案。

疑難排解

和前幾章一樣，你在準備結束談判的時候，可能會碰到一些阻礙，我列出了幾項建議。

◆如果開放式問題沒用，怎麼辦？

有些人碰到開放式問題的時候，確實沒準備好要掏心掏肺。這種情況下，你要先建立默契，找其他方式切入。我永遠不會忘記有一次我帶學生諾娜去調解一場曠學的案子，雙方分別是青少年和他的媽媽。這個媽媽非常希望她兒子去上學，但兒子已經曠課到快要沒辦法畢業了。我們坐下來調解。我的學生問兒子許多開放式問題，但他只有聳聳肩，什麼都不說。連一個字都不說。

最後，她問那個媽媽，我們能不能單獨和她兒子談談。媽媽立刻收拾東西說：「好，妳跟他講！搞不好他真的會講點什麼話！」然後就讓我們單獨和兒子相處。我的學生又問了他幾個開放式問題。依然毫無所獲。

最後，她背對我、面對他。她身體往前傾說：「好，你來這裡是被逼的吧？」這不是開放式問題，但有用了！終於，他抬起頭，然後又聳聳肩。但她引起他的興趣了。她繼續說：「我也是。那是我的教授（指指我）。她說，如果我沒有每個禮拜來上課，她就會把我當掉。」這一招很厲害。那個青少年卸下了心防，開口了。開放式提問失敗的時候，她用另一個方法去理解對方，用這個方式打開門。如果你碰到了類似的阻礙，要先把問題放一邊。試著和談判桌對面的人心連心。建立信任感。等你們準備好，你隨時可以提出這些問題。

◆「你為什麼要這樣講話？」

我先學了書裡面的這些傾聽方式才和我先生交往，所以他很習慣，但如果你的對象發覺你講話的方式和平常不太一樣，怎麼辦？你現在用全新的、開放的掌舵方式，結果對方的回應是：「你嗑了什麼？」或是無法置信地眨著眼睛……那都沒關係！我的建議是：誠實以對。讓你愛的人知道你在做什麼，這個對話方式可以怎樣幫助你們。其中一種回應方式是：「你觀察得很正確哦——這不是我平常說話的方式。我在練習溝通，更用心傾聽身旁的人說話。我要從現在開始練習。」若是在職場，你可以說：「我一直在學談判，想知道要怎麼做才能在職場創造出更好的對話。這場對話很重要，我想要為了我們用最理想的方式來進行。」

◆如果一點用也沒有呢？

如果這些問題都無法讓你更靠近目標呢？我曾經在教調解的時候碰到一個學生，她在學期末之前，把週記寄給我，信上寫著：「這是我的週記，如果你覺得太過隱私的話，很不好意思。」我現在知道，其實她的意思是，「這是我選這堂課真正的原因。」她在週記中說她媽媽有自戀型人格障礙，選了我的調解課是因為，她想要學習一個未來從事法律工作時用得上的技巧。她說開放式問題和總結的技巧對她很有幫助，讓她能釐清自己的目標，也讓她們母女的互動更安全，可是最終她和媽媽之間沒有進步，每次我的學生找到了共同的需求，或者是提議前進的辦法時，她媽媽就會中斷溝通。我的學生認為她媽媽持續在找新的方法來刁難她、跟她起衝突。她問我有沒有其他方法能改善，還是她漏了什麼。

我很溫柔地說，我想她可能問錯問題了——或許這根本不在她掌控之內。或許她媽媽某種程度上需要這種衝突，所以才會不願意解決或改變。或許，我學生要做的是，利用「窗之卷」來理解她的需求與界線，並且表明清楚，來保護自己的安全。

這個故事的重點在於：這些提問能夠發揮功效還是需要條件的：對方也必須有誠意想解決問題；對方沒有人格失調的狀況；或者是非得要有衝突的理由。如果有，你還是能從這些問題中，獲得極大的價值。首先，你可以釐清自己如何理解這個問題——你的需求、情緒、成功經驗和對未來的想法。這些步驟或許在你的掌控之內，那就能逐步實踐了。你也會因為自己處理了這個衝突或問題而獲得成就感，如果你處理了，卻因為上述原因不成功，那也獲得了很實用的資訊。這時候你就可以更清楚地看到其他道路，或許不必和對方合作。在我學生的案例中，她用這些問題清楚描繪自己的需求，並且在母女互動上設定界線。這不是她想要的關係，但她覺得自己比較安全，也更能接受現況了。

結論

我寫這本書是為了提供一些技巧，讓你運用在任何協調、溝通的情境與人際關係中，同時，也能改善你的生活。這些技巧確實改善了我的生活。當我剛學會書中的技巧時，我發現自己不但更會和自己、別人談判，還更快樂了。同時，我也感覺對自己更有信心，更能體諒或體會身邊的人。後來我運用這些技巧找到我的天職：擔任教授、調解人與談判教練。今天與每一天，我起床的時候，都知道自己來到地球的任務。我寫這本書的使命，就是要協助你做到一樣的事、擁有同樣的感受。我熱愛幫助別人實現潛能，然後和別人分享他們的收穫。

我一邊寫書，一邊經歷人生的大起大落。寫這本書對我來說，也像是凝視鏡子。但我這麼做是有用意的。我先從「鏡之卷」寫起，這樣你就能無拘無束地從和自己談判開始。我希望你知道，當你走出去爭取更多的時候，很清楚自己在圓滿完整、真誠的自我。不用害怕為自己爭取，而且你為自己爭取的時候，還可以很成功。

當我結束談判訓練的時候，即便是一天的工作坊，我也會對大家說，我把他們都當成我的新同事。這是什麼意思？這表示就算你上完課，要走出去實踐自己的目標，你都是在談判中「行善」，這就是我們的社群。我希望你從此把我當成你的夥伴，和我保持連繫，讓我知道你利用書中的知識做了什麼。這表示我希望你願意和別人分享你的收穫。當你在談判過程或人際關係中保持好奇心，就會發現對方開始把你當成榜樣，也展開了好奇心。這樣一來，好的談判人員就會成為領袖——帶領整個家、職場、全世界。

《鏡與窗談判課》講義

鏡	窗
我對問題與目標的定義是什麼？ 我想解決什麼問題？	**他們對問題與目標的定義又是什麼？** 告訴我……
我的需求、 **這些需求看起來是什麼樣子？** 我需要什麼？	**他們的需求、** **這些需求看起來是什麼樣子？** 他們有什麼感受？
我的感受與顧慮為何？ 我有什麼感受？	**他們的感受與顧慮是什麼？** 他們有什麼感受？
我的成功經驗為何？ 我以前是怎麼成功解決這種問題的？	**他們的成功經驗是什麼？** 他們過往是怎麼成功解決這種問題的？
我要採取的第一步是？	他們要採取的第一步是？

致謝

這個部分對所有作家來說，都是最難寫的。從我夢想寫這本書，到真正出版的那一刻，我感受到家庭、朋友和同事這個龐大社群的呵護。你們給我的支持，我終生感激。若本書出現錯誤，都是我一個人的問題。

我要深深感謝恩師利伯曼，她是第一個教我用魚網捕魚的的人。我也要感謝在全美各地化解糾紛的所有同事。

謝謝編輯史蒂芬妮・傅雷利奇，她在我們第一次通話的時候，就跟我說她的專業編輯生涯都在等這樣的談判專書。妳是我這輩子都在等待的聰慧夥伴。謝謝西蒙與舒斯特出版社的編輯團隊：金伯莉・高斯丁、安妮・克雷格；出版人強納森・卡朴和編輯艾蜜莉・賽門森。感謝美術團隊協助讓這本書誕生出新的視覺和聽覺生命：蘿倫・派爾斯、賈姬・修和湯姆・斯本。另外，我要謝謝西蒙與舒斯特出版社的其他團隊，透過這本書，全球讀者可以為自己爭取更多的力量，謝謝凱莉・霍夫曼、艾莉西雅・布萊卡托、瑪麗・弗羅瑞歐和芙莉莎・桑德斯。

感謝我的經紀人艾斯特・紐伯格和克莉絲汀・班頓。由你們和國際創造管理公司來代表我，真的讓我備感榮幸，國際創造管理公司公開致力於在各個管理階層推動性別平等。

我的學生克莉斯珍・佛格森也是我的朋友，不時為我提供靈感，謝謝妳為我立起鏡子，幫助我完成這本書的概念。如果說我把這本書生出來，妳就是陪伴我的產婆。謝謝妳傳遞了訊息。

我要感謝哥倫比亞大學法學院的同事，特別是校長吉莉安・萊斯特、副校長布雷特・狄格南，以及所有調解中心的教職員同事。感謝哥倫比亞大學法學院調解中心所有的行政團隊成員：布蘭達・艾伯哈特、蜜雪兒・愛麗絲、伊莉莎白・格羅德、莫蘭德・默席爾和蜜絲提・史旺。謝謝所有慷慨撥出時間來閱讀書稿或提供建議與鼓勵的人，包括了伊莉莎白・艾門斯、蜜雪兒・格林伯格—柯布林、艾苐立・凱茲、莎拉・納奇、吉莉安・麥茲格、柯琳・莎娜罕、蘇珊・史登和馬修・瓦克斯曼。謝謝我的導師羅伯特・佛格森與路易絲・漢金一直相信我。我希望你們能將這本書捧在手中，而我也會一直把你們捧在心中。我要謝謝一直共事的調解同事尚恩・瓦特斯，我對你的感謝根本無法在這裡寫清楚。

我有全世界最棒的學生。感謝所有哥倫比亞大學法學院的學生，謝謝你們為我的專案提供想法、幫我校訂，並持續地相信我：珍妮佛・安吉、大衛・布萊克曼、雅哲米拉・馮、海蒂・古茲曼、李新睿、蘿倫・麥洛克—柯蘭傑羅、愛依紗・麥克修、西西莉雅・普萊莎、艾斯特・波提安斯基、戴娜・昆恩、柳辛吉和娜蒂雅・尤索夫。特別感謝好幾位「班長」協助我寫書：博德瑪・克拉格、凱特・李、海莉・凌，他們從一開始就一直陪著我。你們的專業、評論和真心都反映在這本書的每一頁裡。

感謝家人給我支持和建議。特別謝謝家族中的作家比爾・卡特和凱拉・卡特為我鋪路。《鏡與窗談判課》終於加入書櫃上的卡特家族著作區了。感謝我的媽媽薇拉・卡特，擔任教室裡與人生中的模範。謝謝我的父親理查・卡特，教我如何建立和維持毅力。謝謝繼母妮琪・卡特持續鼓勵我。謝謝親愛的手足：理奇・卡特、布蘭妮・卡特、約翰・卡特和凱蒂・卡特、史考特・薛佛、蜜雪兒・薛佛和亨利・薛佛。謝謝所有的叔叔、嬸嬸、姑姑、姑丈：伊莉莎白・卡特、凱薩琳・歐尼爾、丹尼爾・歐尼爾、艾力克斯・瑞奇、溫蒂・瑞奇、多米・瑞奇。謝謝超棒的表兄弟姊妹：布莉琪、克莉絲提娜、丹、達諾、珍妮、瑪麗法蘭絲和莎賓娜，謝謝他們支持我的專案和對我的所有付出。謝謝已經往生的祖父母：理查・卡特、泰瑞莎・卡特、法萊斯・瑞奇、提伯瑞歐・瑞奇和迪克・瑞根。謝謝超棒的婆家親戚：湯姆・蘭布里奇、瑞金娜・蘭布里奇、艾倫・蘭布里奇和丹・阿德斯黑德。

謝謝親近的朋友鼓勵我做每一件事，包括了道恩・伯曼、保羅・鮑亞、珍妮佛・布里克、艾莉森・切差諾和索莎娜・艾森伯格、黛博拉・恩格、愛麗絲・艾普斯丁、茹絲・哈特曼、瑪莉雅・赫曼、梅若迪斯・凱茲、雷胥瑪・凱卡、莉莎・蘭德斯、瑪西雅・勒柏、瑪麗・馬克吉、蘿拉・滿莫羅—柯林斯、梅拉妮・潘文、迪娜・普雷梭、蕾貝卡・普萊斯和梅根・錫克。

我得到許多案例、回饋、建議、評論和支持，要感謝太多人了，無法在這裡全部列出，包括克莉絲提・布萊斯、凱特・布察南、奧藤・卡拉布雷斯、茱莉・茶娜、麗莎・寇特妮、路易斯・蓋特高斯大使、大衛・格林沃德・賈米拉・霍爾、珍妮特・史東・赫曼、雅特・新蕭、凱莉・郝利代、蜜拉・潔西、海瑟・卡斯丹、邦妮・劉、裘蒂・莉波、淑法・曼達爾、丹妮爾・曼恩和席拉・曼恩、加百列・馬圖斯、班・麥可亞當斯、茱莉・麥可亞當斯、潔米・麥爾、葛雷與蘇珊・薩克斯頓、安德拉・沙碧蘿、理圖・薩瑪、雪莉・史帕拉加、喬治・索內夫、美樂蒂・譚、瑪麗・瑟盧、安娜塔西雅・席歐卡斯、艾咪・沃爾許、丹尼爾・衛茲、愛麗莎・威索、馬克・沃夫、徐梅。

謝謝聯合國與聯合國訓練研究所的同事：聯合國資深外交官副祕書長尼賽斯、大使馬可．蘇佐、佩拉祐．亞瓦雷茲、瓊斯．哈托、茱莉亞．馬歇爾，以及數百位參與過我們課程的外交官，謝謝你們分享經驗為這本書貢獻。

謝謝全世界的朋友和同事不斷支持我。在日本的有瑞卡多．亞利庫克大使、國際基督教大學的校長日比谷潤子、麥克．河內和她的家人，以及我所有在日本的家人。在巴西：莉莉雅．瑪雅是我的調解同事、朋友，也是我在巴西的姊妹，我還要謝謝她的家人、古斯塔佛．費托沙教授，還有我在福大的大家庭，包括已故的荷西．艾爾頓．維達．奎洛茲博士與法蒂瑪．維拉斯校長。

謝謝傅蒂爾公關公司的專員馬克．傅蒂爾和梅莉莎．康納斯，肯尼斯．吉列和目標數位行銷公司的團隊，以及七層工作室的布蘭迪．伯諾斯基、愛紗．以薩、塔拉．蘿倫、葛瑞格．派特森和瑞秋．佐瑞爾。感謝你們幫我把訊息帶給全世界。

你能看到這本書裡的每個字，都是因為紐澤西米爾本的莉芙麵包店提供了高檔咖啡與澱粉，謝謝我朋友艾拉娜與亞尼夫．利福內開了這間店。

謝謝紐澤西楓林的社區，謝謝社區在我創作這本書的時候，一直給我和家人愛。

Eurasian Publishing Group
圓神出版事業機構

先覺出版社
Prophet Press

www.booklife.com.tw
reader@mail.eurasian.com.tw

商戰 206

鏡與窗談判課：哥大教授、聯合國談判專家，教你用 10 個問題談成任何事

作　　者／愛麗珊德拉・卡特（Alexandra Carter）
譯　　者／葉妍伶
發 行 人／簡志忠
出 版 者／先覺出版股份有限公司
地　　址／台北市南京東路四段50號6樓之1
電　　話／（02）2579-6600・2579-8800・2570-3939
傳　　真／（02）2579-0338・2577-3220・2570-3636
總 編 輯／陳秋月
資深主編／李宛蓁
責任編輯／林亞萱
校　　對／李宛蓁・林亞萱
美術編輯／林韋伶
行銷企畫／詹怡慧・黃惟儂
印務統籌／劉鳳剛・高榮祥
監　　印／高榮祥
排　　版／陳采淇
經 銷 商／叩應股份有限公司
郵撥帳號／18707239
法律顧問／圓神出版事業機構法律顧問　蕭雄淋律師
印　　刷／祥峰印刷廠
2020年11月　初版

Complex Chinese Translation copyright © 2020 by Prophet Press,
an imprint of Eurasian Publishing Group
ASK FOR MORE
Original English Language edition Copyright © 2020
ALL RIGHTS RESERVED.
Published by arrangement with the original publisher, Simon & Schuster, Inc.
through Andrew Nurnberg Associates International Ltd.

定價 390 元　　ISBN 978-986-134-367-9
版權所有・翻印必究
◎本書如有缺頁、破損、裝訂錯誤，請寄回本公司調換
Printed in Taiwan

談判這件事，既富有挑戰性，又讓人感到興奮。
每個人都應該磨練自己，讓談判成爲你最強大的武器。
本書所提出來的想法，會讓你進化成前所未見的談判高手！

——《頂尖名校必修的理性談判課》

◆ **很喜歡這本書，很想要分享**

圓神書活網線上提供團購優惠，
或洽讀者服務部 02-2579-6600。

◆ **美好生活的提案家，期待為您服務**

圓神書活網 www.Booklife.com.tw
非會員歡迎體驗優惠，會員獨享累計福利！

國家圖書館出版品預行編目資料

鏡與窗談判課：哥大教授、聯合國談判專家，教你用 10 個問題談成任何事
／愛麗珊德拉．卡特（Alexandra Carter）著；葉妍伶 譯.
-- 初版. -- 臺北市：先覺，2020.11
320 面；14.8×20.8 公分. --（商戰；206）
譯自：Ask for more : 10 questions to negotiate anything
ISBN 978-986-134-367-9（平裝）
1.談判 2.談判策略
177.4 109014619